東坡的心靈世界

啟方

秋來東閣涼如水──自序

　　這一本小書中的九篇文章，時間最早的是在民國八十一年所寫的〈我雖不解飲，把盞歡意足〉，當時原是以〈東坡酒量〉作篇名的！這篇文章的產生，說來還要感謝文中提到的「平南將軍」薛平南道兄，要不是他以「東坡酒量」自許，還特地為此刻了一方閒章，也引不起自己對東坡酒量作比較深入查考的動機，雖然早已知道東坡並不是酒量很大的人，但確是真能了解酒中意趣的人。一轉眼竟然已是十年歲月，平南兄在書法與篆刻上的功力，從越來越多的仕女拜師受教，便可分曉；而他的酒趣，也由當年只合牛飲的啤酒，轉換成品味既高、醇度更濃的紅酒，他對紅酒的傾倒，多少影響了朋友的酒趣！

　　〈此間有甚麼歇不得處〉是東坡在足力疲乏、想要回到床椅上休息時的悟道之語。東坡當時被貶到廣東惠州，雖然已遠離權力核心，卻無法擺脫政治風暴的侵襲；回首前塵，感觸良多，卻以這麼一句充滿智慧的話寫出了自己無所畏懼的心情，讓人震撼不已。東坡就在山路邊松樹下用不到一百個字來闡釋這九個字的內涵，時間則就在他六十歲的生日前後。早年讀東坡這篇短文時，並沒有仔細體會，然而那一回，我就嘗試

著設身處地、揣摩東坡當年的心境,寫成了一篇「心得」,用以紀念東坡九百六十歲的誕辰,以及為自己的人生轉折建立一個橋頭堡。這一篇「心得」,雖然不是「學術」性的文字,卻引發了我想要繼續寫一些對了解東坡心境情懷可能較有幫助的文字的動機;這本小書,就是在這樣的心情下完成的。

　　歷來有關東坡的生平傳記、學術思想、文學理論、作品研究等的宏篇大論可以說已經是「汗牛充棟」了,恐怕要比東坡本人的著述要多出許多。四川大學古籍研究所的曾棗莊教授,為紀念東坡逝世九百週年,結合了國際學界的共同力量,編成的《蘇軾研究史》一書,就是最好的說明。我卻自發奇想,只想嘗試從東坡的詩句詞語、書信序跋中去探索東坡心靈深處幽微的情愫,透過相關文本和自己努力的對東坡文字所作的細密體會,希望能夠真正認識東坡的心靈世界,在千年之後,希望能夠成為東坡的忘年知交。以下幾篇文章,就在這樣的念頭下一一寫了下來。

　　〈人間有味是清歡〉是東坡的詞語,什麼是東坡的「人間清歡」呢?誰知道究竟「東坡肉」該怎麼燒?東坡一生喜歡吃些什麼?都想做個了解!對東坡大量雋永而多采多姿的書信,早就想作一番整理。醞釀快成熟時,碰巧輔仁大學要辦東坡逝世九百週年的學術會議,廖棟樑教授向我索稿,於是就趕現成的把它寫出來。這兩篇原來都是自己寫作的計畫,〈清歡〉寫來輕鬆,王靜芝先生看了後,特別把全闋〈浣溪沙〉寫了送我,前輩對後生的鼓舞,令人感荷!〈書牘〉就比較嚴肅,在

會議中，卻也承謝海平教授的謬賞，慚愧！兩篇前後相差四個月，都用來表示紀念東坡之意。〈寂寞無人見〉是東坡行遍「燕子樓」小園後的幽獨情懷，東坡也寂寞嗎？四月十二日上午與五月十三日下午分別在北京大學中文系與成功大學中文所宣講了個人的想法。〈此生定向江湖老〉，東坡說這話時已經五十七歲了，人在揚州，他在揚州只有半年，作品極少，卻開始寫「和陶詩」，是怎麼樣的心情呢？寫完了東坡的揚州心情，正好趕上陳捷先教授的七十華誕，就寄出去湊數，聊表心意！因為陳教授正是揚州人。〈明月幾時有〉？大哉問！面對「明月」，東坡又會有什麼心事呢？說起〈夜雨何時聽蕭瑟〉一文，必須作一番交代。大概是二十年前的事了，當時魏子雲先生在文化復興委員會主持人文講座，承他厚意，要我去講「三蘇詩」，我把重點放在東坡與子由兄弟的手足深情上，因受時間限制，只能略作說明，後來雖然也曾經稍作補充，用〈夜雨對床〉為題作演講，卻始終不能愜意，這回下定決心，重新整理資料，也用了最多的時間，等於寫了一篇新的文章，算是完成了多年的心願！

在寫〈夜雨何時聽蕭瑟〉的過程中，就一直在思考接著要寫什麼，而「古今如夢，何曾夢覺」的感嘆就出現了，於是一邊寫一邊讀，並作構思，待寫完現實世界的東坡兄弟深情後，立刻轉換情緒，一頭栽進東坡變幻迷離的夢境中。停停寫寫，差一點就寫不下去，但也不想給自己壓力，就暫時擱下，跑到東北去走一遭，回來後又花了一個星期的時間寫了一篇不算短

的〈東北旅遊寫真〉；因爲看到教師要上街頭遊行，一時激動，又寫了一段專欄〈斯文掃地〉，然後再重回東坡夢境，一口氣把東坡的夢給消化掉了！

　　寫完了「古今如夢，何曾夢覺」，頓覺爽然若失！似有無以爲繼的悵惘。但算一算，這半年竟也寫出了四篇文章，連自己都有點意外。還要再繼續陪著東坡嗎？「此間有什麼歇不得處」！何況，寫這些篇章，完全是爲了個人的興趣，本來就沒有什麼目的。再說，東坡當年在讀了杜甫的〈屛跡詩〉後說道：「此東坡居士詩也！」朋友質疑，他就解釋說：「今考其詩，字字皆居士實錄，是則居士詩也，子美安得禁吾有也！」東坡的話大有學問，也先得我心，那麼就此打住了，該回頭去找壁立千仞的山谷先生談心了！

　　當初也沒打算要出書的，可是四月初自己給了學生書局鮑總經理一個承諾，要送他一本書，以回報他的爽快與熱誠。那就送給他啦！怎麼處分，就由鮑總了！既是要送人，當然要求完整，所以「序」文是不能免的。請誰寫呢？腦子裏有一串名單！算了！不要增加朋友們的負擔，這種書！還是自己來「序」吧！題目呢？想到節序已入清秋，天氣逐漸轉涼，日日對著東山，已能感受到蕭瑟的氤氳。「秋來東閣涼如水」，說的不也就是我眼前的情境嗎？「東坡安得禁吾有也！」就用它了！

　　是爲序！

壬午年（2002）季秋母難日

附　錄：

杜甫〈屏跡〉詩：

用拙存吾道，幽居近物情。桑麻深雨露，燕雀半生成。
村鼓時時急，漁舟箇箇輕。杖藜從白首，心跡喜雙清。
晚起家何事，無營地轉幽。竹光團野色，山影漾江流。
廢學從兒懶，長貧任婦愁。百年渾得醉，一月不梳頭。

・東坡的心靈世界・

東坡的心靈世界

目　次

秋來東閣涼如水——自序 -- I
此間有甚麼歇不得處——東坡的豁達心境 -------------------- 1
我雖不解飲，把盞歡意足——東坡酒量淺論 ---------------- 5
人間有味是清歡——東坡美食小考 ------------------------- 13
　一、人間有味是清歡——五辛盤 ---------------------- 13
　二、飽得自家東坡肉——豬頭肉羹 -------------------- 15
　三、不辭長作嶺南人——荔枝、檳榔、蛇肉、羊丁炙 ------ 20
　四、茲遊奇絕冠平生——花豬肉、黃雞粥、蜜唧、炙蠔、玉糝羹 -- 23
　五、空山無人，水流花開 -------------------------- 27
從東坡書牘認識東坡——以黃州、惠州、儋州
　時期書牘為主 ------------------------------------ 31
　一、東坡書牘述要 ------------------------------ 31
　二、持守道義，獨立不懼 -------------------------- 33
　三、超然自得，不改其度 -------------------------- 34

· VII ·

四、淡泊自持，自適自樂 -- 42
　　五、憂患死生，自得其解 -- 46
　　六、小結：才性天成，自信自用 ---------------------------------- 53
　　七、餘論：信天命而自遂 -- 56

寂寞無人見——東坡的幽獨情懷 -------------------------------------- 59
　　一、黃樓何如燕子樓 --- 59
　　二、徬徨明月照無眠 --- 66
　　三、平生幽獨守環堵 --- 72
　　四、多難憂畏但無言 --- 80
　　五、誰識當年寂寞心 --- 83

此生定向江湖老——東坡的揚州心情 --------------------------------- 89
　　一、維揚自古爭戰地 --- 89
　　二、為親江湖請廣陵 --- 93
　　三、煙花三月下揚州 --- 96
　　四、半載盦期成一夢 -- 101
　　五、便和陶詩寫情衷 -- 106

明月幾時有——東坡的明月情懷 ------------------------------------ 111
　　一、前　言 -- 111
　　二、永夜月同孤 -- 113
　　三、新月如佳人，夜涼人未寢 ---------------------------------- 116
　　四、明月入戶尋幽人 -- 122
　　五、我今心似一潭月 -- 128
　　六、雲散月明見清澄 -- 132

夜雨何時聽蕭瑟——東坡兄弟的手足深情 —— 135
一、手足之愛，平生一人 —— 135
二、夜雨何時聽蕭瑟 —— 138
三、他時夜雨獨傷神 —— 145
四、對床定悠悠，夜雨空蕭瑟 —— 148
五、對床夜雨失前期 —— 153

古今如夢，何曾夢覺——東坡的夢裏乾坤 —— 159
一、了然非夢亦非覺 —— 159
二、須著人間比夢間 —— 163
三、應夢果然真羅漢 —— 167
四、羽衣入夢自翩躚 —— 173
五、覺來幽夢何人說 —— 176
六、論詩談史託先賢 —— 185
七、夢中歷歷來時路 —— 188
八、餘生不敢夢故山 —— 191

此間有甚麼歇不得處
——東坡的豁達心境

這一天,東坡起個大早!一晚熟睡,自己也覺得意外!

多少年來,總是不明所以的失眠。想當年在黃州的時候,有一個冬天的晚上,捱到不得不就寢的時刻,突然發現皎潔的月光就在窗口微笑,是那麼的迷人!霎時睡意全消,於是推戶出門,呵!滿身的月光,滿院子的月色!這麼美好的月夜竟然沒有人知道,真是太可惜了!於是就到「承天寺」去,把同樣還沒有入睡的朋友拉出來散步。夜涼何只如水,心裏卻是溫馨的!記得當時還對朋友說:「哪個晚上沒有月亮呀!但哪有像我們這麼無牽無掛的閑人呢!」哎!並不是因為被貶到黃州沒事幹,就自我調侃說自己是「閑人」呀!

在那五年前,自己還是徐州的州長,徐州發生大水災,自己脫了官服、捲起褲管,帶領百姓一起築堤救災,好不容易擺脫了水患,欣慰之餘,在「燕子樓」歇息,卻怎麼也睡不著,恍恍惚惚的就作了個夢,夢中見到的竟是唐代大美人「盼盼」!我哪認識她呀!從驚喜中醒來,於是披衣而出,在院子裏打轉,找不到夢裏的「盼盼」,卻看到了那麼美妙的夜景!你看:「明

月如霜,好風如水;曲港跳魚,圓荷瀉露!」眞是清景無限呀!可是,偏偏是:「寂寞無人見」!那時,想起早年和子由跟隨父親,迢迢萬里,從偏僻的四川老家,到汴京城去應考。父子、兄弟一夕成名,眞是讓人雀躍的事呀!一轉眼,已經過了二十幾個年頭了!自己雖然才四十三歲,然而南北奔波,四處流轉,走過的地方何止千萬里,並且呀!頭髮不知道從什麼時候開始也露白了。值得安慰的是:自己確然有自信可以名垂千秋的。當時,雖然知道後世的人們,必然不會忘記自己,但面對茫茫的夜晚,又有誰會了解自己被那無邊的寂寞所包圍的孤獨感呢!萬萬沒想到不久後自己竟被逮捕下了天牢,一百多天的牢獄生活,那種形神交瘁、悲憤無告的日子,讓自己眞正知道了什麼才是「孤獨」,什麼才是「寂寞」!自己四十四歲的生日,就在監牢裏度過:沒有親人,沒有祝福,只有驚恐和慌亂。四十四歲過後五天,被貶到黃州,在那兒一呆就是五年,成了標準的「閑人」,又意外的成就了自己「東坡」的名號。依依不捨的離開了黃州,一晃眼又是十年過去了,在這一段歲月裏,雖然沒有出將入相,也曾經有過大家豔羨的地位。而說起來也眞的好笑,當年的老同學、好同事、也曾經爲自己下獄的事打抱不平的人,在他得意後,竟然會當自己是眼中釘,把自己從最北的地方,貶到這嶺南羅浮山下來!難道就因爲當年曾經說過他膽量大到敢殺人的笑話嗎?哈!算了!還是走我的山吧!

　　這個山頭並不高。自從來到惠州,也搬了幾次家,多虧有朝雲陪著,山上山下,水南水北;住在水邊,倚樓望遠,視

野寬廣，胸襟開闊，卻少了山中那份寧靜幽雅的趣味。住在山中時，帶著朝雲四處閒逛，聽那水聲潺湲，看那繁花競秀，卻不免自開自憐，自流自唱！是了！「空山無人，水流花開」！孤芳自賞，清靜自足，那又有什麼值得憾恨的呢！這就覺得山間的雞犬，才是最好的朋友，心情也就更加的平和！一切就順其自然吧！現在，一早起來，順著步子，還是去「松風亭」吧！那是這些日子常去的地方，再熟悉不過了！亭子在小山頭上，也並不高，怎麼就會到不了了呢？怎麼會覺得腳勁不夠了呢？怎麼會這樣的疲憊呢！真想躺到床上去休息休息。喘了口氣，再抬頭看看那「松風亭」，啊！還那麼高呀！大概真的是上不了了！喔！進既不能，退又不甘，這下子就只有在松樹下發呆了！好久好久，東坡長長的吁了一口氣說：「這兒有什麼不能歇息的呢！」就像一條被掛在釣鉤上的魚，突然脫離了釣鉤，自己的心情無比的平靜！東坡突然有個奇特的念頭：「如果人們領會了這個道理，那麼，就算在兩軍交戰的時候，戰鼓隆隆，吶喊震天，向前衝一定會被敵人所殺，回頭跑也一定會被軍法處死，怎麼辦呢？在那種情況下，就在那兒好好歇一歇，也不妨呀！」東坡欣然的躺在松樹下，他自己一生種了無數的松樹，這時，正可以作個松下老人呢！

於是，六十歲的東坡，在惠州，就輕快的吟著：「日啖荔枝三百顆，不辭長作嶺南人。」後來又被貶到海南島，他也高唱：「九死南荒吾不悔，茲遊奇絕冠平生！」當完全出乎意料的回到內地時，更對著自己的畫像笑著說：「若問平生功業，

黃州惠州儋州。」

「後記」：平日極喜愛讀東坡的〈記遊松風亭〉。東坡走山，感到疲憊，而有「此間有什麼歇不得處！」的話，想來也是他的悟道之語。東坡生於丙子年（公元1036年）12月19日；今年（公元1997年）1月27日，正是丙子年（公元1996年）的12月19日，是東坡九百六十歲的誕辰，第二天則恰是父親逝世四周年的忌日，再四天，2月1日，自己將從台大中文系退休。借東坡的話綴成此文，用誌紀念，並抒所懷。（原載1997年1月11日〈聯合報副刊〉）

「附錄」：〈記遊松風亭〉

　　余嘗寓居惠州「嘉祐寺」，縱步「松風亭」下，足力疲乏，私欲就床止息。仰望亭宇，尚在木末。意謂如何到得。良久忽曰：「此間有甚麼歇不得處？」由是心若掛勾之魚，忽得解脫。若人悟此，雖兩陣相接，鼓聲如雷霆，進則死敵，退則死法，當恁麼時，也不妨熟歇。（《東坡文集》卷78）

我雖不解飲，把盞歡意足
——東坡酒量淺論

好友薛平南教授治有一方閒章，文曰：「東坡酒量」，蓋以自況也。然而「平南將軍」的酒量如何，朋友們知之甚深；至於「東坡居士」的酒量究竟是大是小，正有待考證，然後也可以知「平南將軍」自謂「東坡酒量」，是其自豪歟？抑其自謙歟！

東坡詩文中，頗不乏談酒者，至若自述其個人「酒量」者，當以以下所引題跋最為具體：

> 吾兄子明，舊能飲酒，至二十蕉葉，乃稍醉。與之同遊者，眉之蟆頤山觀侯老道士，歌謳而飲。方是時，其豪氣逸韻，豈知天地之大、秋毫之小耶！不見十五年，乃以刑名政事著聞於蜀，非復昔日之子明也。侄安節自蜀來，云：「子明飲酒不過三蕉葉。」吾少年望見酒盞而醉，今亦能三蕉葉矣。（《蘇軾文集》卷8〈題子明詩後〉）

「子明」者，東坡伯父蘇澳之次子蘇不疑也。至於「老道士」，黃庭堅謂係東坡之堂叔蘇慎言。黃庭堅於前引之文字後有跋語

曰：

> 老道士，蓋子瞻之從叔蘇慎言也，今年有孫汝楫舉進士第。東坡自云飲三蕉葉，亦是醉中語；余往與東坡飲一人家，不能一大觥，醉眠矣！

按：東坡自二十歲起遊學成都，舉進士，赴汴京試禮部。二十二歲進士及第後，因母喪而返里，二十四歲隨父適楚，三十一歲再因父喪返里，至熙寧二年三十四歲免喪還朝後，終生未再返眉山故鄉。而其堂兄子明，則一向宦仕於蜀，故東坡跋語中「不見十五年」者，似宜自熙寧二年起算。又黃庭堅稱蘇汝楫「今年登進士第」，若此語與東坡題跋在同時，則當在元祐三年東坡知貢舉時。合東坡與黃庭堅之語觀之，於東坡之酒量可有以下之說明：

　　一、東坡「少年」時，根本沒有「酒量」，故「望見酒盞而醉」；又沒有「酒膽」，曾言「我本畏酒人」（《蘇軾詩集》卷34〈叔弼云：履常不飲，故不作詩，勸履常飲〉）「平生不飲酒」（《蘇軾詩集》卷8〈答任師中次韻〉），簡直有「懼酒症」。東坡所指「少年時」，應與其堂兄「舊能飲酒」之「舊」同時，即二、三十歲時。東坡此時「望見酒盞而醉」，比之其堂兄子明「至二十蕉葉乃稍醉」者，真有天淵之差。

　　二、東坡在五十歲左右，自信亦能與當時之子明酒量相當，「亦能三蕉葉矣」，頗有「成就感」。顧名思義，「蕉葉」當是淺而低的小酒杯，「三蕉葉」之量實極有限，東坡雖引以

為豪,然黃庭堅卻說東坡之言為「醉語」,又加「不能一大觥,醉眠矣」的評論,似乎「一大觥」的量還少於「三蕉葉」,因此「不能一大觥」就絕「不能三蕉葉」,所以要說是東坡之「醉語」。即使如此小量,已足以使東坡「醉而眠」了。東坡動輒自稱「劇飲」「大醉」者,真相如此!雖然,其醉眠別有玄機云。

三、東坡在惠州時(五十九歲至六十二歲),曾有信給程正輔(按:即程之才,東坡表兄,娶東坡姊八娘)云:「老兄近日酒量如何?弟終日把盞,積計不過五銀盞耳!」(《蘇軾文集》卷54)」「終日」云云,以東坡之好把酒盞,自不必以誇張視之,然「五銀盞」之比「三蕉葉」,雖東坡亦稱「不過」,而較之前此,已大有進境矣。此或已是東坡酒量之極限矣!

東坡雖酒量有限,卻真能玩賞酒中逸趣,一盞在手,自足自得。故云:「我雖不解飲,把盞歡意足。」(《蘇軾詩集》卷9〈與臨安令宗人同年劇飲〉)。其〈和陶淵明飲酒二十首自序〉云:

> 吾飲酒至少,常以把盞為樂。往往頹然坐睡,人見其醉,而吾中了然,蓋莫能名其為醉為醒也。(《蘇軾詩集》卷35)

「以把盞為樂」是自得自適的境界,「為醉為醒」,東坡豈有不知而了然於胸?世之醉酒者,豈真以為酒可以忘憂解愁耶?「醉時萬慮一掃空,醒後紛紛如宿草」(《蘇軾詩集》卷22〈孔毅父以詩戒飲酒,問買田,且乞墨竹,次其韻〉),酒醒時分,愁苦或倍

· 7 ·

於醉前，醒醉之間，豈別無樂地乎！

東坡既能玩賞酒中樂趣，雖酒量不佳，然對酒之鑑別卻有主見，嘗云：「惡酒如惡人，相攻劇刀劍。」（《蘇軾詩集》卷11〈金山寺與柳子玉飲，大醉，臥寶覺禪榻，夜分方醒，書其壁〉）。又云：「山城酒薄不堪飲」（《蘇軾詩集》卷18〈月夜與客飲杏花下〉）。「惡酒」、「薄酒」均不適飲。又《竹坡詩話》載：潘長官以東坡不能飲，每爲設醴。坡笑曰：「此必錯著水也」。

東坡有詩，題曰〈潘邠老造逡巡酒，余飲之，云：「莫作醋，錯著水來否？」〉「惡酒」傷人，「薄酒」不堪飲，「醴酒」又如作醋加水！爲求「歡」「適」（〈和陶飲酒詩序〉有「終日歡不足適有餘」語），則只有自求多福，自行釀製。東坡於釀酒一事，既有心得，又有興趣，在其詩文中記述較詳者即有以下數種：

一、蜜酒：〈蜜酒歌〉自敘云：「西蜀道士楊世昌，善作蜜酒，絕醇釅。余既得其方，作此歌以遺之。」（《蘇軾詩集》卷21）〈蜜酒歌〉中所敘蜜酒製法，與《東坡志林》所載同。

二、松醪：東坡〈與程正甫提刑書〉云：「向在中山，創作松醪，有一賦。」賦即〈中山松醪賦〉（《蘇軾文集》卷一），蓋以松膏製酒也。賦有「取通明於盤錯，出肪澤於烹熬。與黍麥而皆熟，沸春聲之嘈嘈。味甘餘而小苦，歎幽姿之獨高。知甘酸之易壞，笑涼州之葡萄。似玉池之生肥，非內府之蒸羔。」等語，略可知松醪之滋味。

三、洞庭春色：〈洞庭春色〉詩敘云：「安定郡王以黃

柑釀酒,謂之「洞庭春色」,色香味三絕。……德麟以飲余,爲作此詩。」(《蘇軾詩集》卷34)

此酒雖然東坡未嘗釀造,但頗爲欣賞,故又作〈洞庭春色賦〉,有「糅以二米之禾,藉以三脊之菅;忽雲蒸而冰解,旋珠零而涕潸。」亦略可知其製作大概。

四、眞一酒:〈眞一酒詩自敘〉云:「米、麥、水三一而已,此東坡先生眞一酒也。」又自注云:「眞一色味,眞類吾在黃州日所釀蜜酒也。」(《蘇軾詩集》卷39)東坡對「眞一酒」似特別鍾愛,〈記授眞一酒法〉云:

> 予在白鶴新居,鄧道士忽叩門,時已三鼓,家人盡寢,月色如霜,其後有偉人,衣桃榔葉,手攜斗酒,丰神英發如呂洞賓者,曰:「子嘗眞一酒乎!」三人就座,各飲數杯,擊節高歌合江樓下。……袖出一書授予,乃眞一法及修養九事。(《蘇軾文集》卷72)

又有〈眞一酒法─寄建安徐得之〉云:

> 嶺南不禁酒,近得一釀法,乃是神授,只用白麵、糯米、清水三物,謂之眞一法酒。釀之成玉色,有自然香味,絕似王太駙馬家碧玉香也。奇絕!奇絕!(《蘇軾文集》卷73)

文後並詳述其釀造程序。東坡猶有不足,故又作〈眞一酒歌〉,有「釀爲眞一和而莊,三杯儼如侍君王。湛然寂照非楚狂,終

身不入無功鄉」之語，其於「眞一酒」之重視，可以想見。

　　五、羅浮春：〈寄鄧道士〉詩首句「一杯羅浮春」，王注云：「先生所自造酒名也，以惠州有羅浮山而得名云。」（《蘇軾詩集》卷39）

　　六、天門冬酒：東坡詩題云：「庚辰歲正月十二日，天門冬酒熟，予自漉之，且漉且嘗，遂以大醉。」王注引《山居要錄》載有天門冬酒法。

　　七、桂酒：東坡有〈新釀桂酒〉詩（《蘇軾詩集》卷38），在〈與陸子厚書〉中云：「適飲桂酒一杯，醺然徑醉。……。桂酒乃仙方也，釀桂而成，盎然玉色，非人間物也。足下端爲此酒一來，有何不可！」（《蘇軾文集》卷60）；又作〈桂酒頌〉：「吾謫居海上，法當數飲酒以禦瘴。而嶺南無酒禁，有隱者以桂酒方授吾，釀成而玉色，香味超然，非人間物也。東坡先生曰：「酒，天祿也，其成壞美惡，世以兆主人之吉凶。吾得此，豈非天哉！」欣然得意，見於言表。

　　以上所舉，皆可見東坡釀酒之心得，東坡唯恐不周，故又總而敘之，命曰〈東坡酒經〉（《蘇軾文集》卷64）除了釀酒，當然還要爲酒宣傳，以彰顯酒的功德，於是又寫了〈酒子賦〉、〈酒隱賦〉、〈濁醪有妙理賦〉、〈既醉備五福論〉等文，闡述「神聖功用無捷於酒」的理念。〈飲酒說〉兩篇，尤寓妙義；其一曰：

　　　　予雖飲酒不多，然而日欲把盞爲樂，殆不可一日無此君

也。州釀既少，官酤又惡而貴，遂不免閉戶自釀。麴既不佳，手訣亦疏謬，不甜而敗，則苦硬不可向口。慨然而嘆，知窮人之所爲無一成者。然甜酸甘苦，忽然過口，何足追計！取能醉人，則吾酒何以佳爲？但客不喜爾，然客之喜，亦何與吾事哉！（《蘇軾文集》卷73）

此「說」作於元豐四年（公元1081年），東坡到黃州的第二年，其自釀酒之緣起及感慨，情見乎詞。第二篇則爲：

> 嗜飲酒人，一日無酒則病，一旦斷酒，酒病皆作。謂酒不可斷也，則死於酒而已。斷酒而病，病有時已，常飲而不病，一病則死矣。吾平生常服熱藥，飲酒雖不多，然未嘗一日不把盞。自去年來，不服熱藥；今年飲酒至少，日日病，雖不爲大害，然不似飲酒服熱藥時無病也。今日眼痛，靜思其理，豈或然哉！（《蘇軾文集》卷73）

此「說」未記寫作年月，味其義，或係晚年作。東坡於飲酒一事所作思慮，於此可見一斑。

東坡嘗論陶淵明「非達者」，其論曰：

> 陶淵明作〈無絃琴詩〉云：「但得琴中趣，何勞絃上聲。」蘇子曰：「淵明非達者也，五音六律，不害爲達，苟爲不然，無琴可也，何獨絃乎！」（《蘇軾文集》卷65）

往昔讀此論，覺東坡似有自嘲之意；以東坡不善飲酒，又以把

· 11 ·

盞為樂,若真識酒中趣,杯不在手又何妨。今檢讀東坡有關論酒文字,確知東坡與酒之終始契合,於東坡之懷抱,又有所體悟也!

「把盞為樂」、「不可一日無此君」,此東坡居士之酒量也;而「平南將軍」揮毫操刀之際,素亦以酒自娛,又以「東坡酒量」自況,忝在知交,能不為此浮一大白乎!（原載1992年2月號〈國文天地〉）

人間有味是清歡
——東坡美食小考

一、人間有味是清歡

公元1085年年底，東坡居士來到了泗州（當時屬於淮南東路、州治在今安徽臨淮），24日，與友人劉倩叔同遊南山（據東坡《泗州南山監倉蕭淵東軒》詩自注：「南山名都梁山，山出都梁香故也。」按：山在盱眙東南六十里，因有都梁香草而得名。又據《本草、蘭草》條引《荊州記》：「都梁縣有山，山下有水，清淺，其中生蘭草，因名都梁。」山上有隋煬帝所建都梁宮）。這一年只剩下幾天了；六天前，東坡已經來到泗州，特地到「雍熙塔」下沐浴。想起過去將近五年時間在黃州清寂的謫居生活，心中難免慨然。還好皇帝總算是有心人：「人才實難，不忍終棄！」東坡才得以調遷到汝州（河南臨汝），眞是「皇恩浩蕩」。四月間東坡離開了黃州，先暢遊廬山，再到江西筠州（高安）探望了弟弟子由一家人，手足重聚，極感欣慰。然後，又特地到金陵（今南京）去見已經罷相閒居八年的王安石，彼此唱酬敍懷，也是一大樂事。沒想到東坡最喜歡的小兒子「遯

兒」卻在七月二十八日病死金陵，讓東坡「老淚如洩水」。這孩子滿月時東坡還寫了一首「洗兒詩」，對孩子有所期許：「人皆養子望聰明，我被聰明誤一生；惟願孩兒愚且魯，無災無難到公卿。」更沒想到這孩子這麼命薄，還不到一周歲就病死了！七月二十八日，東坡是在這個日子被逮捕下獄的呀！東坡居士更萬萬不會想到自己十六年後也是在在這個日期往生的，造化弄人，真是莫此為甚！想著想著，東坡想到自己本來直道而行，卻硬是被羅織入罪，掀起滔天大禍，連累了許多朋友，自己更是垢穢滿身：「我身上真有污垢嗎？」看著替自己揩背的人認真使勁的在揩拭，突然覺得好笑，東坡居士又忍不住的吟唱著：「水垢何曾相受？細看兩俱無有，寄語揩背人：盡日勞君揮肘。輕手，輕手，居士本來無垢。」（〈如夢令〉）呀！雖然無垢，想到明天（12月19日）就是五十歲的生日了，就讓揩背人替自己把過去的晦氣全部揩掉吧！

　　生日過了，心情更是平靜，接受劉倩叔的邀約來登這都梁山。這天早晨，天氣其實滿冷的，又是風又是雨的，但到了正午時分，放晴了！稀疏的楊柳枝條在雨後的雲煙中搖曳，顯得格外嫵媚。淮河的水看起來渾然汪洋，他的上游不正是清碧潔淨的洛水嗎？主人笑意盎然的端出還冒著熱氣浮著乳白色泡沫的香茶，加上一盤蓼芽蒿莖（按：《風土記》：「元旦以蔥、蒜、韭、蓼蒿、芥雜而食之，名五辛盤；取迎新之意。」），笑請嘗試。看著這些新鮮的茱蔬，讓人眼中鼻中都滿溢著新春的清新與芬芳；雖然天氣寒冷，四周景物顯得稀疏清淡，然而主人的真純，朋

友的誠懇,卻是多麼令人感動呀!世間還有什麼事物比這些更能讓人細細品味的呢?東坡居士神清氣朗,五年以來,似乎還沒有這麼歡欣過,於是信手寫下了此刻的心境:

> 細雨斜風作小寒,淡煙疏柳媚晴灘,入淮清洛漸漫漫。
> 雪沫乳花浮午盞,蓼茸蒿筍試春盤;人間有味是清歡。
> (〈浣溪沙〉)

二、飽得自家東坡肉

「清歡」!似乎不經意的就享受到了,就像眼前:在寒冷的冬天裡,雨後初晴的正午,一盞泛著如雪花般乳白茶沫的香茗,一盤新鮮的蓼茸蒿筍;主人誠摯純真,而又有好友相陪,在旁助興。此時但覺身心俱清,天人合一。人間的情味正不過如此!可是能得如此「清歡」,真是談何容易!東坡兩千多首詩中竟沒見這個詞。

五年前,完全出乎意外的在湖州(今江蘇吳興)被逮捕入京,在大牢裏度過四十五歲的生日,又過了十天,整整被關了一百三十天,才蒙皇帝特赦而貶到黃州。大牢中的日子自是不能清心,也無歡樂可言;而黃州雖「鄙陋多雨,氣象昏昏也。」但「魚稻薪炭頗賤」、「羊肉如北方,豬、牛、麞、鹿如土,魚蟹不論錢。」(〈與章子厚書〉)。生活物資既充裕又便宜,確實很適合窮人。可是東坡一向不善理財,不知儲蓄,「俸祿所

得，隨手輒盡。」而被貶黃州，既無俸給，而家口不少，只好想辦法節流；因此痛下決心，節儉度日：「日用不得過百五十，每月朔便取四千五百錢，斷爲三十塊，掛屋樑上，平旦用畫叉挑取一塊，既藏去叉，仍以大竹筒別貯用不盡者，以待賓客。」（〈答秦太虛書〉）誰又能想像已經名滿天下的東坡先生，此時的日常用度竟然拮据到這種地步！再說，這一次一百多天的牢獄生活，也使東坡改變了一些生活習性：他本來極好吃蟹蛤，如今卻有了新的看法：

> 余性不喜殺生，然未能斷也。近來始能不殺豬羊，然性嗜蟹蛤，故不免殺。自去年得罪下獄，始意不免，繼而得脫，遂自此不復殺一物。有見餉蟹蛤者，皆放之江中，雖知蛤在江中無活理，然猶庶幾萬一，便使不活，亦愈於煎烹也，非有所求覬，但以親經患難，不異雞鴨之在庖廚，不忍復以口腹之故，使有生之類，受無量怖苦爾。猶恨未能忘味食自死物也。（《蘇軾文集》卷66〈書南史盧度傳〉）

下決心不再爲滿足口腹之慾而自家來殺生烹鮮，於豬羊雞鴨蟹蛤一視同仁，但既然仍是「不能忘味」，只好變通權宜，只要是經由他人宰割處理過的，也就比較安心的享用了！既然原則如此，就必須讓自己每天一百五十文的用度發揮最大功效；東坡發現黃州的豬肉特別好，價錢更是低廉得不能再低了，於是按照自己的想法，用最簡單方便的方法烹煮，每天一早吃他兩

碗,既飽足又得意,因此就把心得寫下來並且自己讚頌一番:

> 淨洗鍋,少著水,柴頭罨掩煙不起,待他自熟莫催他,火候足時他自美。黃州好豬肉,價賤如泥土,貴人不肯吃,貧人不解煮,早晨起來打兩碗,飽得自家君莫管。
>
> (《蘇軾文集》卷20〈豬肉頌〉)

「柴頭罨掩煙不起」,應該是形容很小很小的慢火。這篇〈頌〉有另外一個名稱叫〈豬頭肉羹頌〉,「羹」似乎更具體的說出了它的樣子。南宋初年的周紫芝在他的《竹坡詩話》裏有一段話說:

> 東坡性喜嗜豬,在黃岡時,嘗戲作〈食豬肉詩〉云:「黃州好豬肉,價錢如糞土;富者不肯吃,貧者不解煮。慢著火,少著水,火候足時他自美。每日起來打一碗,飽得自家君莫管。」

與原文略有不同。周紫芝比東坡約小四十七歲(按:按周為紹興12年公元1142年進士),時代相當接近,而所記僅如此。清代梁章鉅(公元1775—1849年)在他的《浪跡續談》中有一段話說:

> 今食品中「東坡肉」之名,蓋謂爛煮肉也,隨所在廚子能為之。或謂不應如此侮東坡,余謂此坡公自取也。坡公有〈食豬肉詩〉云:「黃州好豬肉,價錢如糞土。富者不肯吃,貧者不解煮。慢著火,少著水,火候足時他自美。每日起來打一碗,飽得自家君莫管。」

所引顯然是用周紫芝的文字,都硬是讓東坡每天早上少吃了一碗。而「東坡肉」之名也首度出現。又清人張道的《蘇亭詩話》說:

> 今人切大快肥豚爛煮之,名「東坡肉」。

梁、張二人是清朝嘉慶至同治年間(公元1796—1874年)的人,梁是福建長樂人,曾任江西巡撫、兩江總督。張是江北人。張氏所說「切大塊肥豚爛煮之」尤爲傳神,應該就是現今大家所說的「東坡肉」了。再者,今人所編《中國典故大辭典》(1991年北京燕山出版社)中收有「東坡肉」一詞,除引用周紫芝所記文字外,更作解釋說:

> 指用大塊不切割的豬肉烹煮而成的餚饌,因北宋詩人蘇軾有〈食豬肉詩〉而得名。

日人所編《大漢和辭典》亦收有「東坡肉」一詞,一樣是先引了周紫芝的記載而加解釋說:

> 豬肉切成方形,煮半日以上,加入豆腐、醬油、香料等。

這兩種解說恐怕都是「想當然爾」!「不切割」或「切成方形」既無從確定,「完全不切割」大概也不可能,加入「豆腐」,尤其有趣,在東坡的飲食習慣中,好像還沒有特別提到「豆腐」的,如果〈豬頭肉羹頌〉果然也是它的篇名,那麼這個「羹」字就更有想像的空間了!

東坡是否眞的好吃豬肉？周紫芝另有一段話可以參考：

> 東坡喜食燒豬。佛印住金山時，每燒豬以待其來。一日爲人竊食；東坡戲作小詩曰：「遠公沽酒飲陶潛，佛印燒豬待子瞻。採得百花成蜜後，不知辛苦爲誰甜。」

佛印就是了元和尙（公元1032—1098年），其與東坡交往應在元祐四年（1089）東坡第二次到杭州擔任知州時。但我們也不清楚所謂「燒豬」是怎麼個「燒」法？東坡於壬戌年（公元1082年）年底在給他的堂兄子明的信裏說過：

> 常親自煮豬頭，灌血臢，作醬豉菜羹，宛有太安風味。

看來，東坡所喜歡的還是「豬頭」肉哩！而「太安」風味者，據說重慶屬縣有「太安」一地，其烹調別有特色，尤以「麻辣」爲著。赴四川旅遊者，往往可見以「太安魚」爲標榜者，即是。那麼，東坡所好吃者豈不就是「麻辣豬頭肉羹」乎！

這麼多的考據，那「東坡肉」究竟是怎麼回事？恐怕一時也難說清楚。四川大學的曾棗庄教授，在他的大著《三蘇傳》中說：

> 據傳，蘇軾組織杭州人民開濬西湖，杭州人民爲了感謝他，都抬豬擔酒來給他拜年。蘇軾收下了很多豬肉，就叫人截成方塊，燒得紅酥酥的，分給參加疏浚西湖的民工，大家都把他叫「東坡肉」。杭州有一家飯館仿作這

種「東坡肉」賣，賺了很多錢；別的館子也賣起來，結果「東坡肉」成了杭州名菜。

這個「傳說」，曾教授也沒有明確交代所根據的文獻，看起來卻與佛印為東坡作的「燒豬肉」很像，只不知與當年東坡在黃州用慢火煮大半天的「豬肉」或「豬頭肉」是否相似？如果品嚐過揚州的「三頭宴」，對著那燒得酥酥軟軟紅紅亮亮的大豬頭，彷彿依稀就是當年東坡在黃州的傑作呢！

三、不辭長作嶺南人

東坡居士在泗州向神宗皇帝上了奏章，請求准他在常州（江蘇武進）居住。不久，神宗病逝，哲宗趙煦繼位，司馬光接任宰相。東坡也奉准在常州居住。而此後七年多的時間，也就是一直到1092年六月哲宗親政，可以說是東坡一生地位最高的時候。哲宗親政後，東坡就被派去守定州（治今河北安喜）哲宗竟拒絕了東坡面見辭行的請求，於是，東坡的厄運便又開始了。在定州七個月，被貶英州（廣東英德），中途又奉旨安置於惠州。東坡於1094年10月2日抵達惠州，在身邊相陪的是小兒子蘇過和侍候東坡已經二十一年的朝雲。眼看再過七十天，東坡居士就是六十歲了！

在還沒有到達惠州前，東坡居士已經聽人家談說惠州的風物之美。一到惠州，更有「彷彿曾遊」的感覺，而地方官吏

與士人對他客氣，又有親友往來，因此日子也還過得去。第二年4月11日，東坡第一次吃到嶺南的荔枝，大爲讚嘆說：

> 我生涉世本爲口，一官久已輕蓴鱸；
> 人間何者非幻夢，南來萬里眞良圖。

他對嶺南荔枝眞的很喜歡，所以隔了一年再吃到荔枝時，更說出了「日啖荔枝三百顆，不辭長作嶺南人」的話。看來東坡的體質性寒，才能一天吃那麼多的荔枝。他又學會了「食檳榔」，也讚美檳榔說：

> 吸津得微甘，著齒隨亦苦，面目太嚴冷，滋味絕嫵媚。

用「嫵媚」來形容檳榔的滋味，應該是很特別的。又過了一年，東坡六十一歲，7月5日，服侍東坡23年的朝雲病逝了，才34歲。東坡哀悼不已，有「傷心一念償前債，彈指三生斷後緣」的詩語，並把朝雲墓前的亭子取名爲「六如亭」，用佛經中「如夢、幻、泡、影，如露亦如電」的話。筆記小說中的記載，朝雲是誤將蛇肉當海鮮食用，等到知道竟然是蛇肉時，就不停的嘔吐而發病，竟因此一病不起。果眞如此，豈不冤哉！但也可知東坡在惠州也吃蛇肉，比當年的韓愈還有「口福」！

惠州雖然風物甚美，畢竟偏在嶺南，再說東坡是犯罪被貶的官員，除了盛產的荔枝可以應時吃個過癮，或偶爾嚐嚐檳榔外，日常生活物資還是需要斟酌，這時再沒有像黃州那樣價賤如土的豬肉，怎麼辦呢？東坡居士還是有本事滿足自己的口

腹之慾，他在給弟弟子由的信裏說：

> 惠州市井寥落，然猶日殺一羊；不敢與仕者爭，買時，使土屠者買其脊骨爾。骨間亦有微肉，熟煮熱漉出（不乘熱出則抱水不乾），漬酒中，點薄鹽炙微燋食之。終日剔抉，得銖兩於肯綮之間，亦甚喜之，如食蟹螯。率數日則一食，甚覺有補。子三年食堂庖，所食芻豢，沒齒而不得骨，豈復知此味乎！然此說行則眾狗不悅矣！

整個惠州城一天只宰一隻羊，東坡當然不可能去跟地方官吏爭買羊肉，於是專買脊骨，把筋骨間的肉挑剔出來，煮熟後把水瀝乾，放在酒裏淹漬，然後灑點鹽，燒烤到有一點焦而不是很焦，吃起來味道就像烤蟹螯，而且有「補身」的作用。東坡不僅自己非常喜歡，過幾天就要享受一次，還調侃弟弟子由只能吃到肉，不知骨頭上的美味；又幽默的說如果這種吃法流行起來，恐怕狗兒們會大大不高興呢！這一道東坡美食就姑且叫他作「東坡羊丁炙」吧！看來東坡居士真能苦中忘苦，自得其樂，但絃外之音不也顯示出了他的悲涼與兀傲嗎？

朝雲死後，只有小兒子蘇過在旁作伴，一向豁達的東坡，給人的感覺就是：可以陪所有的橫逆玩一玩。日子雖然越來越不好過，他卻偏要讓人以為他過得好得不得了！朝雲的死，難免給他相當的衝擊：滿頭白髮，滿臉滄桑，似乎是病了；但東坡卻出人意外的作了一首使當時宰相恨得牙癢癢的詩：

> 白頭蕭散滿霜風，小閣藤床寄病容；
> 報說先生春睡美，道人輕打五更鐘。

據說，遠在汴京的宰相章惇，看了這一首詩，深以為恨，認為東坡未免太舒服了，於是再把東坡貶到海南儋州去。子由也被貶去雷州。在當年東坡遭誣陷下獄時，曾經也為東坡辯解的好朋友，就是如今恨不得置東坡於死地的當朝宰相章惇的心裏，或許正為自己的傑作暗暗得意時，東坡又寫出了「莫嫌雲雷隔雲海，聖恩尚許遙相望。」、「他年誰作輿地志，海南萬里真吾鄉」的詩句，只不知這回章惇宰相的反應又是如何！

四、茲遊奇絕冠平生

被重貶海南，東坡何嘗不感到悲憤！他在給哲宗皇帝上的謝表中說：「子孫慟哭於江邊，已為死別。」他也曾悲嘆的說：「吾始至海南，環視天水無際，悽然傷之，曰：何時得出此島也！」東坡在1097年6月11日，帶著小兒子蘇過渡過瓊州海峽到了海南，7月13日到儋州（今海南昌化）。四年之間，由當時中國的最北方貶到最南方。到儋州的第一件事是準備「作棺作墓」（《蘇軾文集》卷56〈與王敏仲書〉）因為自己實在不知道「何時得出此島」！但到了儋耳，才發現這個地方真的是百事皆無，東坡感慨的說：

> 此間食無肉，病無藥，居無室，出無友，冬無炭，夏無

> 寒泉；然亦未宜悉數，大率皆無耳。(《蘇軾文集》卷56〈與程秀才書〉)

地方之窮乏可以想見。幸好弟弟子由就只隔著海在雷州半島，兄弟還可以互通訊息，總算是一大安慰。儋耳很難吃到肉，「客俎經旬無肉」，沒想到子由的遭遇也差不多，有一回知道子由瘦了，東坡就寫了詩告訴子由自己在海南的情形：

> 五日一見花豬肉，十日一遇黃雞粥，土人頓頓食薯芋，薦以燻鼠燒蝙蝠。舊聞蜜唧嘗嘔吐，稍近蛤蟆緣習俗。

根據《本草》的記載，「花豬」是不可以吃的，但在儋州就不管這個禁忌了，也是五天才能買到一次；鮮美的黃雞肉煮粥—不知是否就是所謂海南雞飯的一種—就更不用說了。海南原住民—黎人—吃的是用燻老鼠、燒蝙蝠就甘薯、山藥，還有蜜漬老鼠胎（《升庵外集》：「獠人取鼠胎未瞬通身赤蠕者，淹之以蜜，嚼之噴噴有聲，號蜜唧。」）和蛤蟆，東坡也只好入境隨俗—吃了！

這種日子的確不好過，但是東坡居士何許人也！因為海南四面環海，多的是海鮮，其中最讓東坡讚賞的要算大蠔了。〈食蠔〉文中說：

> 己卯冬至前二日，海蠻獻蠔；剖之，肉與漿入水，與酒並煮，食之甚美，未始有也。又取其大者，炙熟，正爾啖嚼，又益煮者。海國食，蟹、螺、八腳魚，豈有獻（原

缺），每戒過子慎勿說，恐北方君子聞之，爭欲爲東坡所爲，求謫海南，分我此美也。

己卯是1099年，東坡六十四歲，到儋州已一年多，認識他仰慕他的人多了，就會有人送土產海鮮，想像他在享用「炭烤大蠔」大快朵頤的得意神情，如章惇之流的「北方君子」，真要哭笑不得了！今傳世有東坡〈獻蠔帖〉，也就是這篇〈食蠔〉。

但這些海鮮畢竟不能當主食，不能當飯吃。東坡居士的小兒子蘇過，這時研發成了一種改良式的「芋菜羹」，東坡取名爲「玉糝羹」，讚美說：

> 過子忽出新意，以山芋作「玉糝羹」，色香味皆奇絕；
> 天上酥陀則不可知，人間絕無此味也！

「天上酥陀」或作「天竺酥陀」，是印度美食。這裡所謂的「玉糝羹」，就是用山芋和菜一起蒸爲羹的食物。蘇過在物資極爲匱乏的情況下，想出這個使東坡高興萬分的點子。所以蘇子由常在蘇家宗族前稱讚蘇過的孝心。這「玉糝羹」的色香味究竟「奇絕」到什麼程度呢？東坡有詩說明：

> 香似龍涎仍釅白，味如牛乳更全清；
> 莫將南海金齏膾，輕比東坡玉糝羹。

東海松江的鱸魚膾，肉白如雪，不腥，是東南的美味，有「金齏玉膾」的美名（《隋唐嘉話》：「南人魚膾，以縷金橙拌之，號金齏玉膾。」）。但在東坡眼中，自家的「玉糝羹」要遠勝「金齏膾」。我們也

可以想像：六十四歲的東坡和二十八歲的蘇過父子兩人，品味著蘇過新創的又香又白、味道比牛乳還要清純的食物，兒子緊張的看著父親的反應，東坡慢慢品嚐後高興的大聲叫好的既溫馨但又淒涼的境況！

其實，蘇過在這一方面是承受了東坡的遺傳，當年東坡被貶到黃州時，在自己有了菜園子後，種了許多的菜蔬，也創作了自己得意的「東坡羹」。他在「東坡羹頌」的序裏，詳細說明「東坡羹」的作法：

> 東坡羹，蓋東坡居士所煮菜羹也。不用魚肉五味，有自然之甘。其法以菘若蔓菁若蘆菔若薺，揉洗數過，去辛苦汁；先以生油少許塗釜緣及一瓷碗，下菜沸湯中，入生米為糝，及少生薑，以油碗覆之，不得觸，觸則生油氣，至熟不除；其上置甑，炊飯如常法，既不可遽覆，須生菜氣出盡乃覆之。羹每沸湧，遇油則下，又為碗所壓，故終不得上。否爾，更上薄飯，則氣不得達而飯不熟矣。飯熟，羹亦爛可食。若無菜，用瓜茄皆切破，不揉洗，入罨，熟赤豆與粳米半為糝。餘如煮菜法。（按：文中「若」字可解為「或」及「與」義）

東坡不只一次提到他這一道菜羹，顯然並不像大家所熟悉的「菜飯」！作法似乎不難，烹飪專家不妨一試！

東坡父子在海南島住了三年，1100年正月，宋哲宗死了，弟弟趙佶繼位，是為徽宗。5月，東坡獲赦，6月20夜，父子兩

人出乎意外的禍中得福,歡歡喜喜的渡海北歸。東坡高聲的唱著:

九死南荒吾不悔,茲遊奇絕冠平生!

五、空山無人,水流花開

東坡在離開海南島時,寫了一首詩給海南的朋友黎民表:

我本海南民,寄生西蜀州。忽然跨海去,譬如事遠遊。
平生生死夢,三者無劣優。知君不再見,欲去且少留。

「生」與「夢」自己都經過了、作過了,那「死」又是怎麼回是呢?「三者無劣優」,那麼「死」也不過像「生」與「夢」一樣啦!東坡在慶幸終於「得出此島」時,有這樣的看法說法,該怎麼去解讀呢?

東坡渡過瓊州海峽,7月4日到了合浦,8月29日離開合浦,經過梧州到了廣州,然後搭船去湖南的零陵;十一月經過英德時奉命提舉成都玉局觀,並准許任便居住。這確實是很大的自由,也是莫大的恩典,但該住哪裡呢?幾經斟酌,為了避免再無端捲入政治鬥爭的漩渦,最後決定在常州定居;這時候他已經隨著朝廷的調動命令四處奔波了一年多,東坡真的感到很疲倦,當他作了最後決定,就寫信給在穎昌的子由訴說自己的無奈:

> 逾年行役,且此休息!恨不得老境兄弟相聚!此天也!吾其天何!

在這次北歸途中,大部分時間都是在船上度過的,正遇上了三伏天,天氣是又熱又濕,大家都病倒了,到江西贛州時,僕人已經病死六個;到了常州,天氣更加炎熱,東坡再次病倒,而連垂老與弟弟團聚的願望都因政治的考慮而落空了。東坡是感傷的,無奈的,也太疲累了!當年五月間,好友李公麟為他畫了一幅像,東坡自己仔細的端詳了後,就題下了讚語:

> 心似已灰之木,身如不繫之舟;
> 問汝平生功業,黃州惠州儋州。

拂鬱難平之氣,躍然字裡行間。「心如死灰」矣!東坡似乎一下子失去了生之意念!六月,東坡的病情轉劇,以致不能穿衣戴帽,更使他有「頹然待盡」的感慨;他感嘆說:

> 嶺南萬里不能死,而歸宿田野,遂有不起之憂,豈非天乎!

東坡自知不起,把三個兒子叫到床前說:「吾生不惡,死必不墜!」到了7月28日,東坡畢竟無法卸去長年累積的鬱結憾恨,撒手人間!

東坡在海南儋州時,無意中從民間得到唐末四川畫家張氏所畫的「十八大阿羅漢」,認為是稀闊的奇遇,於是分別替十八尊羅漢題了頌詞,其中第九尊者的頌詞中有「空山無人,

水流花開」的話，幽淡淵妙，令人冥想東坡居士「人間有味是清歡」的高遠境界！

後記：按蘇軾逝世於公元1101年夏曆7月28日，今年公元2000年夏曆7月28日，爲西曆8月27日，正是東坡九百年忌日。敬撰此文以爲紀念。本文曾刊載於2000年九月號〈明道文藝〉，並於同年9月24日至27日在〈中央日報‧副刊〉同步刊出。

・東坡的心靈世界・

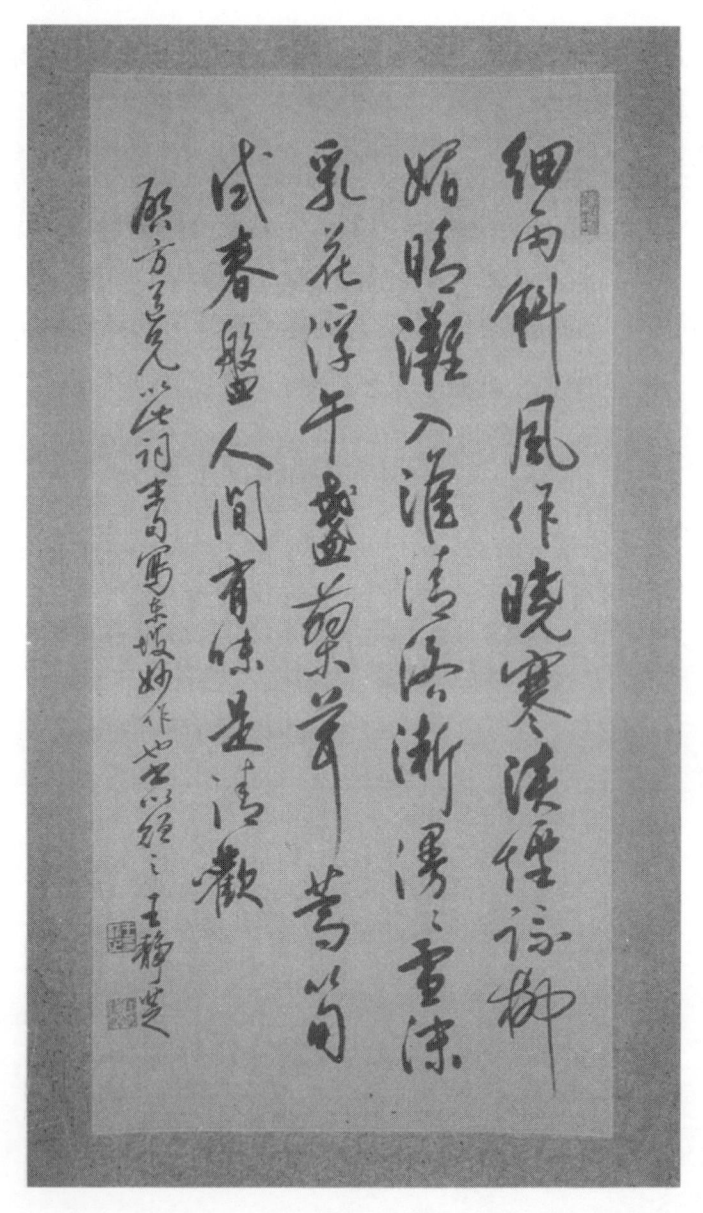

細雨斜風作曉寒，淡煙疏柳
媚晴灘。入淮清洛漸漫漫。雪沫
乳花浮午盞，蓼茸蒿筍
試春盤。人間有味是清歡。

硯方吾兄雅正 詞李句寫東坡妙作也 丁卯之 王靜芝

從東坡書牘認識東坡
——以黃州、惠州、儋州時期書牘為主

一、東坡書牘述要

《文心雕龍‧書記》篇說：

> 詳總書體，本在盡言，所以散鬱陶，託風采；故宜調暢以任氣，優柔以懌懷，文明從容，亦心聲之獻酬也。

概要說明了書信文的特色與功能。書信的對象如果是至親好友，更能通其款曲，書其抑鬱，充分達成抒發思想感情的目的。

傳世的《蘇軾文集》❶卷48有「上書」十九通，卷49有「書」二十二首；卷50至61為「尺牘」，各卷相關人數及篇數為：卷

---

❶ 孔凡禮點校《蘇軾文集》（北京中華書局1986年）。又：《蘇軾文集》所附《蘇軾佚文彙編》七卷，其第二至第四卷，收有書牘共二百三十九首，但並未注名時地。細讀一過，其屬於黃、惠、儋州時所作者不多，內容亦大致相同，故不計入。

50，十五人、八十八篇；卷51，七人、二百二十五篇；卷52，五人、八十四篇；卷53，十八人、九十八篇；卷54，一人、七十一篇；卷55，八人、一百二十七篇；卷56，二十一人、一百零三篇；卷57，四十一人、一百二十一篇；卷58，三十七人、一百二十二篇；卷59，四十三人、一百零九篇；卷60，四十七人、一百零八篇；卷61，三十一人、一百二十三篇。三者合計14卷，所涉及人物三百二十五人，總計一千三百七十九篇。數量不可謂不多，如加上比較官式的「謝啓」，數量更多。然而在書牘中亦有極簡短者，如在惠州作〈答張文潛書〉，只有「少游得信否？奉親必不失所。」十一字，但對秦少游的關愛之情溢於言表。按東坡於宋神宗元豐二年（公元1079年）十二月責授黃州團練副使，次年二月一日抵達黃州，時年四十五歲。元豐七年三月量移汝州；四月離黃州，時年四十九歲，總計在黃州時間為五年又一個月，在黃州時所作書牘有二百七十九篇。東坡又於哲宗紹聖元年（公元1094年）貶寧遠軍節度副使、惠州安置，當年十月二日抵達惠州，時年五十九歲。哲宗紹聖四年四月再貶瓊州別駕、昌化軍安置，時年六十二歲；計在惠州時間約兩年半。在惠州所作書牘有兩百零七篇。紹聖四年六月渡海，七月十三日至儋州。元符三年（公元1100年）正月，哲宗崩，徽宗繼位，大赦天下。五月，東坡量移廉州，六月二十日渡海北返，時年六十五歲。計在海南時間約三年，所作書牘五十一篇。總計在黃州、惠州、儋州三地所作書牘五百三十七篇。以身陷窘困，又通信對象均至親好友，故所作書牘多能顯現東坡之性

情懷抱與身處困境時之危疑自傷或自得自樂之情。茲略作分析歸納，抒其所見，以爲東坡逝世九百年紀念盛會之芹獻。

二、持守道義，獨立不懼

東坡遽遭貶謫黃州，其狼狽可知；他在給文彥博的信中說：

> 軾始得罪，倉皇出獄，死生未分，六親不相保。然私念所及，不暇及他，但顧平生所存，名義至重，不知今日所犯，爲已見絕於聖賢、不得復爲君子乎？抑雖有罪不可赦，而猶可改也？❷

所謂「名義」，也就是「君子」的名聲與「君臣」間的道義。東坡對於自己平日持守存養的義理，極有自信，他對堂侄蘇千之說：

---

❷ 《蘇軾文集》卷48〈黃州上文潞公書〉。方案：《續資治通鑑長編》卷308、元豐三年九月丙戌載：潞國公文彥博由河東節度使、檢校太師守司徒兼侍中判大名府改守太尉開府儀同三司依前河東節度使判河南府。蓋因改官制而遷。閏九月壬子詔於都門外賜文彥博餞送御筵，上自爲詩賜之，命參知政事章惇爲之序云。卷309、九月乙卯又載：遷河東、永興軍節度使，固辭。東坡此書首稱「孟夏」，又稱文爲「留守太尉」及「有自京師來轉示」云云，則彥博致書東坡在三年九月後，東坡回書在四年四月間。

> 人苟知道，無適而不可，初不計得失。……，獨立不懼者，惟司馬君實與叔兄弟耳。萬事委命，直道而行，縱以此竄逐，所獲多矣！❸

滿朝文武，只有司馬光和蘇軾兄弟兩人是「獨立不懼」的，是「直道而行」的，因此，雖然因此而遭竄逐，也還是一大收穫。所以，在給李常的信中他也說：

> 吾儕雖老且窮，然道理貫心肝，忠義塡骨髓，直須談笑於死生之際。❹

類似這些話語，在惠州與瓊州時期，雖已不再見於書信中，但我們從東坡一貫堅持的風骨看，這種對「道理」與「忠義」的堅持，是生死以之的，這是東坡立身行事的根本原則，固無須一再申明之也。

三、超然自得，不改其度

東坡對自己所以會得罪被貶，當然也一直在反省檢討，原因好像還不是很單純；首先，當然就是自己的「不安分」了。

---

❸ 《蘇軾文集》卷60〈與千之書〉。案書中有「去歲作試官」語，當係在知徐州任上。
❹ 《蘇軾文集》卷51〈與李公擇〉17之11。案：李常字公擇（1027-1090），江西建昌人，黃庭堅之舅父；東坡曾爲作〈李氏山房藏書記〉文。

東坡到黃州不久，在給章惇的回信裏說：

> 軾所以得罪，其過惡未易一、二數也，平時惟子厚與子由極口見戒，反覆甚苦，而軾強狠自用，不以爲然⋯⋯，軾昔年亦受知於聖主，使少循理安分，豈有今日？追思所犯，眞無義理，與病狂之人蹈河入海無異，方其病作，不自覺知，亦窮命所迫，似有物使；及至狂定之日，但有慚耳！而公乃疑其再犯，豈有此理哉！❺

東坡雖自承所作所爲似「病狂」之人，一旦發病，至欲「蹈河入海」，且「似有物使」而身不由己，又對章惇懷疑自己將來會「再犯」感到太無道理。但事實上東坡畢竟是再犯了，又犯在自己老朋友章惇手上，眞是情何以堪！❻

---

❺ 《蘇軾文集》卷49〈與章子厚參政書〉之一。按：書中有「恭聞拜命與議大政」語。據《長編》卷302、元豐三年二月丙午載：「右正言知審官東院章惇爲右諫議大夫參知政事。」章惇當係此後致書東坡。章惇（1035-1105）字子厚，福建浦城人。東坡「烏臺詩案」發，章惇曾爲坡不平（見長編242元豐七年正月戊午條），但並不積極，蓋本支持變法也。其後東坡再貶惠州、儋州，則章惇執政後之作爲也。

❻ 東坡惠州、儋州之禍，實章惇致之。章惇二子章持章援爲元祐三年（1088年）進士，主考官即東坡；章援第一，章持第十。東坡自海南北返，章惇適被貶雷州，章持曾致書東坡爲乃父緩頰；東坡復信中有「某與丞相訂交四十餘年，雖中間出處稍異，交情固無所增損也。聞其高年，寄跡海隅，此懷可知。但已往者更說何益，惟論其未然者而已」等語。全書於章惇被貶絕無幸災樂禍之語，反殷殷爲章氏兄弟籌畫如何孝養。東坡之偉大，正在此等處。

此外,從以下所引書牘中,亦可見東坡的深自反省;在黃州時他說:

> 軾所以得罪,正坐名實過耳,年大以來,平日所愛惡憂畏皆衰矣,獨畏過實之名如畏虎也。❼
> 某以愚昧獲罪,咎自己招,無足言者。(《蘇軾文集》卷50〈與司馬溫公〉)

再貶惠州時則說:

> 愚闇剛褊,仕不知止,白首投荒,深愧朋友。軾齠齔好道,本不欲婚宦,為父兄所強,一落世網,不能自逭,然未嘗一念忘此心也。今遠竄荒服,負罪至重,無復歸望,杜門屏居,寢飯之外,更無一事,胸中廓然,實無荊棘。(《蘇軾文集》卷49〈與劉宜翁使君書〉)
> 貶竄皆愚暗自取,罪大罰輕,感恩念舊之外,略不置胸中也。得喪常理,正如子師及第落解爾。(《蘇軾文集》卷五十六〈與杜子師〉四之三)

到海南後,就更是感慨系之了:

---

❼ 《蘇軾文集》卷49〈答李昭玘書〉。案:書中有:「魯直既喪妻,絕嗜好,蔬食飲水,此最勇決」之語。黃庭堅繼配謝氏卒於元豐三年二月,作〈發願文〉誓斷酒肉在元豐七年三月。東坡此書當作於元豐七年三、四月間,以四月奉命量移汝州也。

> 某兄弟不善處世，並遭遠竄，墳墓單外，念之感涕。（《蘇軾文集》卷59〈與林濟甫〉）

「不善處世」總結了所有的原因，那豈不就是「一肚子不合時宜」嗎？

東坡三次遭到貶黜，年歲越來越大，境遇更是一次比一次艱苦；他在自省之餘，雖自知因「不善處世」而獲罪，但既要堅持「直道而行」，也就只有抱著「萬事委命」的態度了。東坡對自己的遭遇，先在心理上建立起自解的理論，而使自己能坦然的面對逆境。在黃州時他說：

> 僕雖憂患狼狽，然譬如當初不及第，則諸事易了。（《蘇軾文集》卷60〈答李寺丞〉2之2）
>
> 某謫居既久，安土忘懷，一如本是黃州人，元不出仕而已。（《蘇軾文集》卷57〈與趙晦之〉4之3）
>
> 黃州食物賤，風土稍可安；既未得去，去亦無所歸，必老於此。❽

在惠州時也說：

> 夫南方雖為瘴癘地，然死生有命，初不由南北也。……，定居之後，杜門燒香，閉目清坐，念五十九年之非耳。（《蘇軾文集》卷57〈與吳秀才〉3之2）

---

❽ 同註❷

> 某到貶所半年，凡百粗遣，更不能細說，大略只似靈隱天竺和尚退後，卻住一個小村院子，折足鐺中，罨糙米飯便吃，便過一生也得。其餘瘴癘病人，北方何嘗不病？是病皆死得人，何必瘴氣！但苦無醫藥，京師國醫手裏死漢尤多。（《蘇軾文集》卷60〈與陸子厚〉）
>
> 某睹近事，已絕北歸之望，然中心甚安之，未說妙理達觀，但譬如元是惠州秀才，累舉不第，有何不可！（《蘇軾文集》卷54〈與程正甫〉71之13）
>
> 今北歸無日，因遂自謂惠人，漸作久居計，正使終焉，亦有何不可。（《蘇軾文集》卷56〈與孫志康〉）

既貶海南，更是抱著老死異域的打算；東坡說：

> 某垂老投荒，無復生還之望，昨與長子邁訣，已處置後事矣。今到海南，首當作棺，次便作墓，乃留手疏與諸子，死則葬於海外，庶幾延陵季子嬴博之義，父既可施之子，子獨不可施之父乎？生不挈棺，死不扶柩，此亦東坡之家風也。此外燕坐寂照而已。❾

雖然有這樣的心理準備，但貶謫的殘酷現實必須面對。東坡年紀愈長，而貶放的地方愈遠，環境愈惡劣，要如何去面對越來

---

❾ 《蘇軾文集》卷56〈與王敏仲〉18之16。案：延陵季子適齊，於其反也，其長子死，葬於嬴、博之間。見《禮記・檀弓下》。後遂有「嬴博有不歸之魂」一語。東坡反用此典。

越艱苦的生活困境呢?到黃州後,東坡說:

> 命分如此,亦何復憂慮!在彭城作黃樓,今得黃州;欲換武,遂得團練,皆先識。(《蘇軾文集》卷52〈與王定國〉41之5)

> 黃州僻陋多雨,氣象昏昏也。魚稻薪炭頗賤,甚與窮者相宜。然軾平生未嘗做活計,子厚所知之,俸祿所得,隨手輒盡;見寓僧舍,布衣蔬食,隨一餐,差為簡便,以此畏其(案:指妻與子也)到也。窮達得喪,粗了其理,但祿廩相絕,恐年載間,遂有飢寒之憂,不能不少念。然所謂水到渠成,至時亦必自有處置,安能預為之愁煎乎!❿

> 得罪以來,深自閉塞,扁舟草履,放浪山水間,與樵漁雜處,往往為醉人所推罵,輒自喜漸不為人識。平生親友無一字見及,有書與之亦不答。⓫

> 寓居去江干無十步,風濤煙雨,曉夕百變,江南諸山,在几席上,未始有也。雖有窘乏之憂,顧亦布褐藜藿而已。初到黃,廩祿幾絕,人口不少。私甚憂之。但痛自節儉,日用不得過百五十,每月朔便取四千五百錢,斷為三十塊,掛屋樑上,平旦用畫叉挑取一塊,即藏去叉,

---

❿ 同註❺。
⓫ 《蘇軾文集》卷49〈答李端叔書〉。據書中所述,當係作於初至黃州時。

仍以大竹筒別貯用不盡者，以待賓客。此賈芸老法也，度囊中尚可支一歲有餘，至時，別作經畫，水到渠成，不須預慮。以此，胸中都無一事。⑫

自絕祿廩，因而布衣蔬食，於窮苦寂淡之中，卻粗有所得，未必不是晚節微福。（《蘇軾文集》卷61〈與圓通禪師〉4之4）

到了惠州，東坡說：

某謫居瘴鄉，惟盡絕欲念，為萬金之良藥。（《蘇軾文集》卷50〈答范純夫〉11之11）

某到此八月，獨與幼子一人、三庖者來，凡百不失所。風土不甚惡。某既緣此絕棄世故，身心俱安，而小兒亦遂超然物外，非此父不生此子也。……。南北去住定有命，此心亦不念歸，明年買田築室，做惠州人也。（《蘇軾文集》卷52〈與王定國〉41之40）

某到貶所，闔門省愆之外，無一事也。瘴鄉風土，不問可知，少年或可久居，老者殊畏之。惟絕嗜欲，節飲食，可以不死。此言已書之紳矣，餘則信命而已。近來親舊書問已絕，理勢應爾。（《蘇軾文集》卷53〈與錢濟民〉16之4）

數日，又見自五羊來者，錄得近報，舍弟復貶西容州，諸公皆有命，本州亦報近貶黜者，料皆是實也。聞之，

---

⑫　《蘇軾文集》卷52〈答秦太虛書〉7之4。

憂恐不已,想皆前定,猶欲早知,少免狼狽。(《蘇軾文集》卷56〈與王敏仲〉18之6)

及到海南,東坡也說:

某與幼子過南來,生事狼狽,勞苦萬狀,然胸中亦有自然處也。(《蘇文集》卷五十九〈與林濟甫〉)

此間食無肉,病無藥,居無室,出無友,冬無炭,夏無寒泉,然亦未宜悉數,大率皆無耳。唯有一幸,無甚瘴也。近與小兒子結茅數椽而居,僅庇風雨,然勞費已不貲矣。……。尚有此身,付與造物,聽其運轉,流行坎止,無不可者。(《蘇軾文集》卷55〈與程秀才〉3之1)

此中枯寂,殆非人世,但居之甚安。諸史在前,甚有與語者也。(《蘇軾文集》卷56〈與鄭靖老〉4之1)

老人住海外如昨,但近來多病瘦瘁,不復如往日,不知餘年復得相見否?又海南連歲不熟,飲食百物艱難,及泉、廣海舶絕不至,藥物鮓醬等皆無,厄窮至此,委命而已。老人與過子相對,如兩苦行僧爾,然胸中亦超然自得,不改其度。近來鬚鬢雪白加瘦,但健及啖啜如故爾。相見無期,惟望勉力進道,起門戶為親榮,老人僵仆海外,亦無恨也。(《蘇軾文集》卷60〈與姪孫元老〉案:舒大剛《三蘇後代研究》只稱元老為蘇軾、蘇轍姪孫)

困厄已至如此,仍然是「胸中超然自得,不改其度」,東坡對

自己是充滿自信的！

四、淡泊自持，自適自樂

東坡一面堅持自己的原則，不稍屈於困厄，另一面卻也得面對殘酷的現實；物質的貧乏可以容忍，但精神上如果缺少寄託，則日子將難以度過。因此，如何在艱困中自適心志、自得其樂，應該是很重要的課題。所幸東坡本就有超然自得的涵養，要「自得其樂」，當然也不會有問題。在黃州時期他就說：

> 到黃州，無所用心，輒復覃思於《易》、《論語》，端居深念，若有所得，遂因先子之學，作《易傳》九卷，又自以意作《論語說》五卷。❸
>
> 某寓一僧舍，隨僧蔬食，甚自幸也，感恩念舊之外，灰心杜口，不曾看謁人。所云出入，蓋往村寺沐浴，及循溪旁釣魚採藥，聊以自娛耳。（《蘇軾文集》卷52〈與王定國〉42之1）
>
> 某到黃已一年半，處窮約，故是宿昔所能，比來又加便習。……躬耕漁樵，真有餘樂。❹
>
> 黃當江路，過往不絕，語言之間，人情難測，不若稱病不見為良計。二年不知出此，今始行之耳。

---

❸ 同注❷。
❹ 《蘇軾文集》卷57〈與吳子野〉之1。

近得筠州舍弟書,教以省事,若能省之又省,使終日無一語一事,則其中自有至樂,殆不可名。此法奇祕,惟不肖與公共之。(《蘇軾文集》卷51〈與滕達道書〉68之20、22)

某見在東坡,作陂種稻,勞苦之中,亦自有樂事。有屋五間,果菜十數畦,桑百餘本;身耕妻蠶,聊以卒歲也。❺

自到此,惟以書史爲樂,比從仕廢學,少免荒唐也。近於側左得荒地數十畝,買牛一具,躬耕其中。今歲旱,米甚貴,近日方得雨,日夜墾闢,欲種麥,雖勞苦卻亦有味。鄰曲相逢欣欣,欲自號「鏖糟陂裏陶靖節」,如何?⓰

所居對岸武昌,山水絕佳,有蜀人王生在邑中;往往爲風濤所隔,不能即歸,則王生能爲殺雞炊黍,至數日不厭。又有潘生者,作酒店樊口;棹小舟徑至店下,村酒亦自醇釃。柑橘椑柿極多,大芋長尺餘,不減蜀中。外縣米斗二十,有水路可致。羊肉如北方,豬、麞、獐、鹿如土,魚蟹不論錢。歧亭監酒胡定之,載書萬卷隨行,喜借人看。黃州曹官數人,皆家善庖饌,喜作會。太虛視此數事,吾事豈不既濟矣乎!展讀至此,想見掀髯一笑也。⓱

---

❺ 同注❹,17之9。

⓰ 《蘇軾文集》卷52〈與王定國〉41之13。

⓱ 同注⓬。

> 吾兄弟俱老矣，當以時自娛。世事萬端，皆不足介意。所謂自娛者，亦非世俗之樂，但胸中廓然無一物，即天壤之內，山川草木蟲魚之類，皆是供吾家樂事也。❽

在黃州的五年歲月，東坡得出一個結論：

> 此間但有荒江大山，修竹古木；每飲村酒，醉後曳杖放腳，不知遠近，亦曠然天真，與武林舊遊，未易議優劣爾。（《蘇軾文集》卷61〈與言上人〉）

武林杭州殆人間天堂，而黃州荒鄙，東坡處之五年，竟以與杭州比，是真能自得其樂也。十四年後，東坡被貶嶺南惠州，惠州更不能與黃州比，然則東坡又如何苦中作樂耶？試看：

> 軾罪大責薄，聖恩不貲，知幸念咎之外，了無絲髮掛心，置之不足復道也。……，獨與幼子過及老雲併二老婢共吾過嶺。到惠將半年，風土食物不惡，吏民相待甚厚。……，亦莫遣人來，彼此鬢髯如戟，莫作兒女態也。……，吾儕但斷卻少年時無狀一事，誠是，然他未及。（《蘇軾文集》卷53〈與陳季常〉16之16）

> 某到此八月，獨與幼子一人，三庖者來，凡百不失所，風土不甚惡。某既緣此絕棄世故，身心俱安，而小兒亦

---

❽ 《蘇軾文集》卷60〈與子明兄〉案：東坡伯父蘇渙三子，長不欺字子正，次不疑字子明，三不危字子安。

> 遂超然物外,非此父不生此子也。……,南北去住定有命,此心亦不念歸,明年買田築室,作惠州人也。(《蘇軾文集》卷52〈與王定國〉41之40)
>
> 屏居荒服,眞無一物爲信。……,荔枝正出林下,恣食亦一快也。羅浮曾一遊,每出勞人,不如閉戶之有味也。(《蘇軾文集》卷52〈答張文潛〉4之2)
>
> 新居在大江上,風雲百變,足娛老人也。有一書齋名「思無邪齋」。(《蘇軾文集》卷53〈答毛澤民〉7之5)
>
> 某凡百粗遣,適遷過新居,已浹旬日,小窗疏籬,頗有幽趣。(《蘇軾文集》卷56〈與王敏仲〉18之1)

東坡在惠州時,原本還抱著萬一的希望,存著「赦後癡望量移稍北」(《蘇軾文集》卷54〈與程正甫〉71之40)不想結果卻更被貶到海南,到海南後的處境是:

> 別遽逾年,海外窮獨,人事斷絕,莫由通問;……,某與兒子初無病,但黎、蜑雜居,無復人理,資養所給,求輒無有。初至,僦官屋數椽,近復遭迫逐。不免買地結茅,僅免露處,而囊爲一空。困陋之中,何所不有,置之不足道也。(《蘇軾文集》卷55〈與程全父〉12之9)

到了海南,東坡又如何自處,進而求能自樂呢?且先看看他的心境:

> 平生不作負心事,未死要不食言,然今則不可,九死之

> 餘，憂畏百端。（《蘇軾文集》卷50〈與范元長〉13之6）
> 海南風氣，與治下（案：指海康）略相似，至於食物人煙，蕭條之甚，去海康遠矣！到後，杜門默坐，喧寂一致也。
> 某到此數臥疾，今幸少閒。久逃空谷，日就灰槁而已。
> 此島中枯寂，春色所不到也。（以上三條，俱見《蘇軾文集》卷58〈與張逢〉6之2、3、5）

東坡的心境如此，海南的環境如此，東坡如何自遣自樂呢？我們從他的書牘中可以讀到的就只有像以下這些話了：

> 流轉海外，如逃空谷，既無與晤語者，又書籍舉無有，惟陶淵明一集，柳子厚詩文數冊，常置左右，目為二友。
> （《蘇軾文集》卷55〈與程全父〉12之11）
> 海州獨窮，見人即喜，況君佳士乎！（《蘇軾文集》卷58〈與周文之〉4之4）

「好書」和「好人」，在海南絕域，已是莫大的奢侈了！

五、憂患死生，自得其解

東坡在十多年的貶謫生活中，除了要為自己的義理信念堅持不懈外，也要為家人朋友分憂解愁。人生總會經歷許多的「無常」，得失、成敗乃至生與死，究竟應該用什麼樣的心理去面對它？身處險厄的東坡，除了為自己在困辱中求取解脫之

・從東坡書牘認識東坡──以黃州、惠州、儋州時期書牘為主・

道,也藉以安慰、教導、鼓舞親人朋友,使他們能在逆境中很快的站起來,就像他自己。

對因為「烏臺詩案」而受東坡牽連的人,東坡是非常過意不去的,他在黃州給王定國的回信中說:

> 罪大責輕,得此甚幸,未嘗戚戚,但知識數十人,緣我得罪,而定國為某所累尤深,流落荒服,親愛隔闊。每念至此,覺心肺間便有湯火芒刺。[19]

王鞏被貶到嶺南廣西,東坡惟恐其地瘴氣傷人,勤勤教以袪瘴養生之法:

> 每日少飲酒,調節飲食,常令胃氣壯健。……,粉白黛綠者,俱是火宅中狐狸、射干之流,願深以道眼看破。此外又有一事,須少儉嗇,勿輕用錢物,一是遠地,恐萬一闕乏不繼;二是災難中節用自貶,亦消厄致福之一端。[20]

當東坡被貶惠州的第二年,黃庭堅也被貶黔州;東坡聞訊,極為傷感的說:

> 聞淳父(案即范祖禹,與黃庭堅同因修史事被貶永州)、魯直遠

---

[19] 《蘇軾文集》卷52〈與王定國〉41之2。案:王鞏字定國,自號清虛居士。因東坡案貶監賓州(今廣西賓陽)酒務,五年而豪氣不少挫。東坡有〈王定國寫真贊〉,稱其「泰不驕,困不觥而老不枯也。」
[20] 同註[19]之3。案:射干為似狐而能緣木之獸,見〈子虛賦〉注。又佛書則指惡獸似青黃狗,食人能緣木。

・47・

貶，為之悽然。此等必皆有以處之也。（《蘇軾文集》卷52〈答張文潛〉4之1）

雖然相信二人一定有以自處，還是表達了對黃庭堅最大的關心：

即日想已達黔中，不審起居何如？土風何似？或云大率似長沙，審爾，亦不甚惡也。惠州已久安之矣，度黔，亦無不可處之道也。聞行橐無一錢，塗中頗有知義者，能相濟否？某雖未至此，然亦近之矣。水到渠成，不須預慮。（《蘇軾文集》卷52〈答黃魯直〉5之4）

「無不可處之道」、「水到渠成，不須預慮」，也只有像東坡這種襟度的人，才能有如此的豁達。

東坡在黃州時，曾因病杜門謝客，遂被訛傳為死去。東坡於類此之事慨然而嘆曰：

某凡百粗遣，春夏間，多患瘡及赤目，杜門謝客，而傳者遂云物故，以為左右憂。……，平生所得毀譽，殆皆此類也。㉑

㉑　（《蘇軾文集》卷50〈答范蜀公〉11之2）案：《長編》卷342、元豐七年戊午載東坡自黃州量移汝州經過甚詳，略云：上每憐之，欲使修國史，執政難之，遂改曾鞏；上又欲起知江州，明日又改承議郎江州太平觀，又明日命格不下。於是辛出手札徙軾汝州，有「蘇軾黜居思咎，越歲茲深，人才實難，不忍終棄」之語。軾即上表謝。前此京師

春夏多苦瘡癤、赤目,因此杜門省事。而傳者遂云病甚者,至云已死,實無甚恙。今已頗健,然猶欲謝客,恐傳者復云云,以爲公憂。㉒

劣弟久病,終未甚清快。或傳已物故,故人皆有書驚問;眞爾猶不恤,況謾傳耶?

近來頗佳健,一病半年,無所不有,今又一時失去,無分毫在者,足明憂喜浮幻,舉非眞實。因此頗知衛

盛傳軾已白日仙去。上對左丞蒲宗孟嗟惜久之,故軾於表中云:「疾病連年,人皆相傳爲已死;飢寒併日,臣亦自厭其餘生。」案〈謝表〉云:「奉正月二十五日誥命」,確有二語。又據楊希閔《曾南豐年譜》載:曾鞏於元豐四年六十三歲時,以判三班院兼判太常寺爲史館修撰,管勾編修院、典五朝史事。(事見七月己酉、八月庚申,見《長編》卷314、315。惟神宗對曾鞏所修史不滿,見卷325、元豐五年四月戊寅「罷修五朝史」條下)又據東坡〈徐君猷挽詞〉詩王文誥按語:徐君猷以六年四月罷任(參見坡詞〈醉蓬萊〉題),代者楊君素。君猷東海人,喪過黃州,在六年十一月。又《宋史‧宰輔表》二:蒲宗孟於元豐五年四月甲戌自翰林學士加中大夫守尚書左丞,六年八月辛卯出知汝州。則據長編所載京師傳坡白日仙去而神宗對「左丞」蒲宗孟云云,核以東坡此書,則京師之傳言應在六年春夏之後、八月辛卯之前。而因此一傳言,亦使神宗決意再起用東坡也。

㉒ 《蘇軾文集》卷50〈與李公擇〉17之8。並參前注。又此下復言:「鄭公雖已逾八旬,然耆舊凋喪,想當爲國悽愴。」所指「鄭公」爲富弼。據《長編》卷336元豐六年閏六月丙申載:「武寧軍節度使、守司徒、開府儀同三司致仕韓國公富弼卒。」李常與坡書必在富弼卒後,坡回書更晚。又案東坡撰有〈富鄭公神道碑〉,稱:「神宗即位,改鎮武寧軍,進封鄭國公。……進封韓國公,致仕。」東坡習稱「鄭公」也。

生之經，平日妄念雜好，掃地盡矣。㉓

所謂「平生所得毀譽，殆皆此類也！」、「眞爾猶不恤，況謾傳耶？」「足明憂喜浮幻，舉非事實」，誠然道盡面對世間虛實眞幻顛倒的無可如何。

東坡在貶謫中，一面要安頓自己的生活，一面要紓解鬱結的情志；既要爲自己的疾病苦惱，又得關心親友的悲痛遭遇，而親友家人的亡故，所帶來的衝擊，毋寧說是最令東坡傷慟的。東坡該如何來排遣這種哀傷悲痛呢？對親人的死亡是最最難免要悲悼的，他說：

> 軾寓居粗遣，但舍弟初到筠州，即喪一女子，而軾亦喪一老乳母，悼念未衰；又得鄉信，堂兄中舍九月中逝去。異鄉衰病，觸目悽感，念人命脆弱如此。㉔

人命脆弱，死生無憑，又該如何面對它呢？朋友喪女喪子喪妻，東坡安慰他們說：

> 驚聞愛女遽棄左右，切惟悲悼之切，痛割難堪，奈何！奈何！情愛著人如黏膠油膩，急手解雪，尚爲沾染，若又反覆尋繹，便纏繞人矣。區區，願公深照，一付維摩、

㉓ 《蘇軾文集》卷55〈與蔡錦繁〉14之12-13。
㉔ 案東坡乳母任氏彩蓮卒於元豐三年八月，年七十二，東坡曾爲作墓誌銘。至其堂兄中舍即蘇不欺，字子正，東坡於元豐五年正月有〈祭堂兄子正文〉。

莊周，令處置爲佳也。㉕

逝者已矣，空復追念，痛苦何益！但有損爾。切望以明識照之！縱不能無念，隨念隨拂，勿使久留胸中。㉖

不謂尊嫂忽罹此禍，惟兄四十年恩好，所謂老身長子者，此情豈易割捨？然萬般追悼於亡者，了無絲毫之益，而於身有不貲之憂，不即拂除，譬如露電，殆非所望於明哲也。譴地不敢輒捨去，無緣面析此理，願兄深照痛遣，勿留絲毫胸中也。唯有速作佛事，升躋幽明，此不可不信也，惟速爲妙。老弟前年悼亡，亦只汲汲於此事，亦不必盡之。佛僧拯貧苦尤佳，但發爲亡者意，則俯仰之間，便貫幽顯也。冬至眷，必不訝。㉗

知有愛子之戚，襁褓泡幻，不須深留戀也。僕離惠州後，大兒房下亦失一男孫，亦悲愴久之，今則已矣。㉘

第三則所言「老弟前年悼亡」者，是指朝雲之喪，朝雲卒於紹聖三年（公元1096）七月初五，才三十四歲。朝雲姓王字子霞，侍候東坡二十三年；東坡對朝雲之亡，極爲哀悼，有「傷心一念償前債，彈指三生斷後緣」之語。㉙朝雲曾「學佛法，亦粗

㉕　《蘇軾文集》卷55〈與蔡錦繁〉14之12。
㉖　《蘇軾文集》卷57〈與王子高〉3之2。
㉗　《蘇軾文集》卷54〈與程正甫〉71之57。
㉘　《蘇軾文集》卷55〈與程秀才〉3之1。
㉙　《蘇軾詩集》卷40〈悼朝雲〉。

識大意,且死,頌《金剛經》四句偈以絕。」㉚所謂「四句偈」就是指《金剛般若經》的「一切有爲法,如夢幻泡影,如露亦如電,應作如是觀」四句。東坡因此把朝雲墓前的舊亭子改名爲「六如亭」。東坡舉自己對朝雲身故的悲痛與治喪方式,以安慰「至眷」㉛程正甫的喪妻。至第四則所謂「襁褓泡幻」者,東坡亦曾經歷:朝雲所生東坡幼子蘇遯,亦不滿週歲而夭,東坡作詩哭之,有「中年忝聞道,夢幻講已詳。儲藥如丘山,臨病更求方。仍將恩愛刃,割此衰老腸。知迷欲自反,一慟送餘傷」之語。㉜當時東坡四十九歲,經歷過了母逝父喪以及元配王弗的死亡,㉝再加黃州之貶的巨大衝擊,東坡已然體認人生無常本如夢幻,但一旦面對幼子之喪,還是不免哀慟。而如何化解哀傷,不使「如黏膠油膩」「沾染」「纏繞」,經過長期的領悟,東坡自然有了理論上的化解之道,也說明了他對死生憂患的觀念和態度。

㉚ 《蘇軾文集》卷15〈朝雲墓誌銘〉。
㉛ 案程正甫名之才,爲東坡母之侄子,於東坡爲表兄。東坡姊八娘於十六歲時嫁之才,不得婆母歡心,受凌虐致死,蘇洵大以爲恨,作〈自尤〉詩以自責(見《全宋詩》卷352),兩家怨隙不平久之。其後東坡兄弟以念母之故,相與釋憾。東坡貶惠州,時宰聞其先世之隙,遂以之才爲廣東提刑,將使之甘心焉。而正甫反篤中外之義,周旋周至。
㉜ 《蘇軾詩集》卷23〈去歲九月二十七日,在黃州生子遯,小名幹兒,頎然穎異。至今年七月二十八日,病亡於金陵,作二詩哭之〉。
㉝ 案東坡元配王弗十六歲來歸東坡,治平二年(公元1065年)五月卒,年二十七(公元1039-1065年)。

六、小結：才性天成，自信自用

東坡於哲宗紹聖四年（公元1097）由惠州再貶海南。當年六月渡過瓊州海峽，抵達儋耳後，曾寄信給在雷州的弟弟子由，信的前半說明自己「於詩人無所好，獨好淵明之詩」，以為「淵明作詩不多，然其詩質而實綺，癯而實腴，自曹、劉、鮑、謝、李、杜諸人，皆莫及也」，因前後追和陶詩百數十篇，「至其得意，自謂不甚愧淵明」。然後話鋒一轉說：

> 然吾於淵明，豈獨好其詩也哉！如其為人，實有感焉。淵明臨終疏告儼等：「吾少而窮苦，每以家弊東西游走，性剛才拙，與物多忤。自量為己，必貽俗患，黽勉辭世，使汝等幼而飢寒。」淵明此語蓋實錄也。吾今真有此病，而不早自知，半生出仕，以犯世患。此所以深服淵明，欲以晚節師範其萬一也。

對於東坡的這段話，他弟弟子由就不以為然的說：

> 嗟夫！淵明不肯為五斗米一束帶見鄉里小人，而子瞻出仕三十年，為獄吏所折困，不能悛，以陷於大難。乃欲以桑榆之末景，自託於淵明，其誰肯信之！❸

---

❸ 以上兩段引文俱見蘇轍〈子瞻和陶淵明詩集引〉，見《全宋文》卷2075。案蘇轍於文末所署時間為「紹聖四年十二月十九日」，即東坡六十四歲誕辰日。子由真有心也。

・東坡的心靈世界・

東坡給子由寫信要求子由爲自己的「和陶詩」寫序時,他已經就快六十三歲了;巧的是陶淵明也只活了六十三歲（公元365-427年）㉟東坡必然是大有感慨吧!東坡所謂「吾今眞有此病,而不早自知」者,所謂「此病」就是陶淵明自稱的「性剛才拙,與世多忤」。陶淵明「不肯爲五斗米一束帶見鄉里小人」的表現,就是他的「拙」,是「拙」於「應世」,其實也就是東坡的「一肚子不合時宜」。如果再加賦性「剛強」,那就必然會有「與物多忤」的結果了。東坡自恨對自己這個「病」不早「自知」,以致陷於大難,言外之意是如果早知自己有這種「病」,就可以如淵明般及早「辭世」以遠罪了,其實,東坡豈有不知自己的賦性之理,試看他的自白:

「性有愚直」—〈謝制科啓〉,嘉祐六年26歲。（《蘇軾文集》卷46）

「自知拙直之難安」—〈徐州謝兩府啓〉熙寧十年42歲。（《蘇軾文集》卷46）

「軾強狠自用」—〈與章子厚參政書〉之一—元豐元年45歲,時在黃州（《蘇軾文集》卷49）

「處世齟齬,每深自嫌惡,不論他人。」—〈答陳師仲主簿書〉—在黃州（《蘇軾文集》卷49）

「愚暗少慮,輒復隨緣自娛。」—〈答李琮書〉。在黃

㉟ 陶淵明生卒年異說頗多,此用《中國歷代著名文學家評傳》（濟南、山東教育出版社1997年）第一冊廖仲安所撰〈陶淵明〉文中意見。

州（《蘇軾文集》卷49）

「出而從仕，有狂狷嬰鱗之愚。」—〈謝中書舍人書〉—元祐元年51歲（《蘇軾文集》卷50）

「皆以疏愚處必爭之地」—〈答范蜀公〉—元祐三年53歲（《蘇軾文集》卷50）

「愚拙多忤，而處爭地。」—〈與劉貢父〉—元祐三年53歲（《蘇軾文集》卷50）

「某以不善俯仰，屢致紛紛。……褊淺多忤。」—〈與張太保安道〉—元祐四年54歲（《蘇軾文集》卷50）

「吏民習知其遲鈍」—〈杭州謝執政啓〉—元祐四年54歲（《蘇軾文集》卷50）

「愚忠自信，朴學無華；孔融意廣才疏，嵇康性褊傷物。」—〈定州到任謝執政啓〉—元祐八年58歲（《蘇軾文集》卷46）

「軾受性剛簡，學迂才下。」—〈與謝民師推官書〉—元符三年65歲（《蘇軾文集》卷49）

「僕狷介寡合之人也」—〈與葉進叔書〉—（《蘇軾文集》卷49）

自二十六歲初入仕途，即已自知賦性「愚直」，其後，或遭貶，或在朝任顯要，一直到暮年由海南北返道中，無論對象何人，東坡有「拙直」、「強狠自用」、「處世齟齬」、「愚暗少慮」、「狂狷嬰鱗之愚」、「疏愚」、「愚拙多忤」、「不善俯仰」、

「褊淺多忤」、「受性剛簡,學迂才下」、「狷介寡合」等等的自覺,總歸一句,就是淵明的「性剛才拙」,是東坡對於自己的性行,固早已了然於胸,卻不能如淵明之毅然引退,遂至犯世之大患,陷大難中,此東坡終於自嘲不如淵明處。雖然,以二人所處背景迥異,東坡處於可以有所作爲之時,故堅守道義,不改其度而一無所懼。子由與東坡六十年手足兄弟,心意相同,豈有不知東坡之所懷抱者?其於東坡之言所發之慨歎,正由此也。然則,以東坡在書牘中自然流露的性情人格,吾人於東坡之爲人自當有更深一層之認識。

七、餘論:信天命而自遂

《蘇軾文集》第23、24兩卷,共收有東坡所作「表」「狀」一百一十七篇,由其中言語,亦可見東坡對自己的賦性知之甚明,對皇帝所說的話與對親朋好友所說的完全相同,頗可玩味。茲列舉如下,以詳其實。

「論不適時,皆老生常談陳腐之說。」——〈密州謝上表〉

「顧慚迂闊之言,雖多而無益;唯有朴忠之素,既久而彌堅。遠不忘君,未忍改其常度,言之無罪,實身恃於至仁。知臣者謂臣愛君,不知臣者謂臣多事。……皇帝察孤危之易毀,諒拙直之無地。」——〈徐州謝上表〉

「才迂識疏」——〈徐州謝獎諭表〉

「臣性資頑鄙,……議論疏闊……,皇帝知其愚不適時,難以追陪新進。」——〈湖州謝上表〉

以上四表,皆在貶黃州前所上。

「臣用意過當,日趨於迷,……賦命衰窮,……茫如醉夢之中,不知言語之出。」——〈到黃州謝表〉

「俯念臣向者名過其實,食浮於人。」——〈謝量移汝州表〉

「軾蒙聖知,不在人後,而狂狷妄發,上復恩私。……重念臣受性剛褊,賦命奇窮。」——〈乞常州居住表〉

「祇合俯身從眾,卑論趨時;奈何明不自知,諫餘未信。屢遭尤譴,實自己爲。」——〈登州謝宣招赴闕表〉

「臣受材淺薄,臨事迂疏。」——〈辭免起居舍人第一狀〉

「臣受命褊狷,賦命奇窮。」——〈第二狀〉

「臣顓愚自信,狂直不回。」--〈謝宣召入院第二狀〉

「臣學非有得,愚至不移;雖叨過實之名,卒無適用之器。」——〈謝除龍圖閣學士第二表〉

「臣賦命數奇,與人多忤。」——〈第二表〉

「臣少而拙訥,老益疏愚。」——〈謝賜對衣金馬第一表〉

「臣早緣剛拙,屢致憂虞。用於朝廷,則逆耳之奏形於

言；施於郡縣，則疾惡之心見於政。雖知難每以爲戒，而臨事不能自回。苟非……，久已見傾於眾言。」——〈杭州謝放罪第一表〉

「知臣剛褊自用」——〈謝宣召再入學士院第一表〉

「臣志大而才短，論迂而性剛。以自用不回之心，處眾人必爭之地，不早退縮，安能保全。」——〈謝兼侍讀第二表〉

「臣學陋無聞，性迂難合。」——〈謝除龍圖閣學士知潁州第一表〉

「志大才疏，信天命而自遂。」——〈揚州謝到任第一表〉

「少賤而鄙，性椎少文。」——〈謝兼侍讀第二表〉

「豈臣迂愚所當叅領」——〈謝除兩職守禮部尚書表〉

以上共二十三例，我們可以很清楚的看到東坡在給親友書信中所常用的語辭，一樣用於在給皇帝的表章上，那種「信天命而自遂」、「狂直不回」與「未忍改其長度」與「朴忠」，充分顯露了東坡的自信與堅持，也正是他的人格特質的具體表現；這才是東坡，這就是東坡！

本文於2000年12月17日在
輔仁大學舉辦「紀念蘇東坡逝世九百週年學術研討會」上宣讀

寂寞無人見

——東坡的幽獨情懷

哀吾生之無樂兮，幽獨處乎山中；
吾不能變心而從俗兮，固將愁苦而終窮
——《楚辭・九章・涉江》

一、黃樓何如燕子樓

公元1078年（宋神宗元豐元年）的重陽節，身為徐州知州的蘇軾，在徐州新城門的城門樓前，舉行盛會，慶祝這座由自己新建而高達百尺的城門樓—黃樓的落成。在鐘鼓齊奏、萬民歡騰時，蘇軾高興的接受致敬：

百川反壑，五稼登場。初成百尺之樓，適及重陽之會。高高下下，既休畚鍤之勞；歲歲年年，共睹菜荑之美。恭惟知府學士，民人所恃，憂樂以時。度餘力而取羨材，因備災而成盛事。起東郊之壯觀，破西楚之淫名。賓客如雲，來四方之豪傑；鼓鐘殷地，聳萬目之觀瞻。實與

徐民，長爲佳話。

又意氣風發的與民眾一起高聲唱出心中的喜悅：

一新柱石壯嚴閫，更值西風落帽辰。
不用遊從誇燕子，直將氣燄壓波神。
山川尚遶當時國，城郭猶飄廣陌塵。
誰憑闌干賞風月，使君留意在斯民。❶

這次盛會之後，九月三十日，他又聚集三郡鄉舉舉人會於黃樓，舉行「鹿鳴宴」。十月十五日，「觀月」於黃樓並賦詩，詩的尾聯說：「爲問登臨好風景，明年還憶使君無？」❷據王文誥《蘇文忠公詩編注集成總案》（以下簡稱《總案》）稱：「是夜夢登燕子樓，次日往尋其地，作〈永遇樂〉詞」。則〈永遇樂〉「明月如霜」一詞應作於十月十六日；但東坡詞序卻說：「彭城夜宿燕子樓，夢盼盼，因作此詞。」我們當然還是相信東坡自己的話。但盼盼乃唐徐州節度使張建封之愛妓，東坡固無緣一見，因何會入夢？此必有感於其人其事也！白居易曾有〈燕子樓〉詩三首，其序云：

徐州故張尚書有愛妓曰盼盼，善歌舞，雅多風態。予爲校書郎時，遊徐、泗間，張尚書宴予。酒酣，出盼盼以

---

❶ 《蘇軾詩集》卷46〈黃樓致語口號〉。
❷ 《蘇軾詩集》卷17。

佐歡,歡甚。予因贈詩云:「醉嬌勝不得,風嫋牡丹花。」一歡而去,爾後絕不相聞。迨茲僅一紀矣。昨日司勳員外郎張仲素繢之訪予,因吟新詩,有〈燕子樓〉三首,詞甚婉麗。詰其由,爲盼盼作也。繢之從事武寧軍累年,頗知盼盼始末,云:「尚書既沒,歸葬東洛,而彭城有張氏舊第,第中有小樓名燕子,盼盼念舊愛而不嫁,居是樓十餘年,幽獨塊然,於今尚在。」予愛繢之新詠,感彭城舊遊,因同其題,作三絕句。❸

今案:張仲素詩三首,見《全唐詩》卷367,題與作者或作〈關盼盼〉。詩如下引:

樓上殘燈伴曉霜,獨眠人起合歡床。
相思一夜情多少,地角天涯不是長。

北邙松柏鎖愁煙,燕子樓中思悄然。
自埋劍履歌塵散,紅袖香消已十年。

適看鴻雁岳陽回,又睹玄禽逼社來。
瑤瑟玉簫無意緒,任從蛛網任從灰。

白居易所作三首則爲:

滿窗明月滿簾霜,被冷燈殘拂臥床。

---

❸ 見《全唐詩》卷438。

> 燕子樓中霜月夜，秋來只為一人長。
>
> 鈿暈羅衫色似煙，幾回欲著即潸然。
> 自從不舞霓裳曲，疊在空箱十一年。
>
> 今春有客洛陽回，曾到尚書墓上來。
> 見說白楊堪作柱，爭教紅粉不成灰。

據二人所作之第二首末句，則張仲素與白居易作〈燕子樓〉詩應在憲宗元和五、六年（公元810-811年）之間；又據白居易詩序，當時盼盼猶「幽獨塊然」，孤居於燕子樓。《全唐詩》卷802於「關盼盼」名下載：

> 關盼盼，徐州妓也。張建封納之。張歿，獨居彭城故燕子樓，歷十餘年。白居易贈詩諷其死。盼盼得詩，泣曰：「妾非不能死，恐我公有從死之妾，玷清範耳。」乃和白詩。旬日不食而卒。

並錄所作〈和白公詩〉：

> 自守空樓斂恨眉，形同春後牡丹枝；
> 舍人不會人深意，訝道泉臺不去隨。

案：白居易於唐德宗貞元十六年（公元800年）試判拔萃科入等，授秘書省校書郎，至憲宗元和元年（公元806年）將應制舉而罷，時為二十九歲至三十五歲間。而張建封正卒於貞元十六年（公

元735-800年）五月庚戌❹（13日），則白之遊徐、泗間，為張建封之座上客，亦僅能在當年五月十三日前。盼盼和詩稱白居易為舍人，據羅聯添教授考證：白居易以元和二年（公元807年）十一月授翰林學士，三年四月加左拾遺，五年五月改京兆府曹參軍，六年四月丁母憂，九年冬入朝為太子左贊善大夫，十年貶江州司馬，至元和十五年十二月始任主客郎中、知制誥（即中書舍人）❺。以白居易詩序核之，如盼盼至元和十五年始和白詩，則絕不可能。白居易序中言自接受張建封宴請至作詩時「僅一紀」，唐人用僅字多為「庶幾」之義❻，一紀則十二年，是最遲應在元和七年（公元812年），時白居易正丁母憂。審白居易序中語氣，其與張仲素相見並和詩，應在元和六年四月因母喪退居渭上前，而盼盼和詩並不食而死，均應是當年事。

關盼盼為張建封守節，「守空樓」十二年，卻因白居易「見說白楊堪作柱，爭教紅粉不成灰」的話而絕食，一死以明志，也算是淒涼可悲的了。266年後，東坡夜宿燕子樓，竟因夢盼盼而有〈永遇樂〉詞之作：

　　明月如霜，好風如水，清景無限。曲港跳魚，圓荷瀉露，

---

❹　見羅聯添教授〈柳子厚年譜〉（收入氏著《唐代四家詩文論集》1996.12.台北學海出版社出版。）又案：氏著〈劉夢得年譜〉（收入氏著《唐代詩文六家年譜》1986.7.台北學海出版社出版）列白居易試判拔萃科入等授書郎於貞元十九年下。揆諸白之詩序，已晚三年，應誤。

❺　見《劉夢得年譜》。

❻　《說文解字、段注》：「唐人文字，僅，多訓庶幾之幾。」

寂寞無人見。紞如三鼓，鏗然一葉，黯黯夢雲驚斷。夜茫茫，重尋無處，覺來小園行遍。　　天涯倦客，山中歸路，望斷故園心眼。燕子樓空，佳人何在？空鎖樓中燕。古今如夢，何曾夢覺？但有舊歡新怨。異時對、黃樓夜景，爲余浩嘆。

對照張仲素與白居易的詩作，東坡此詞首句以「月」與「霜」起興，當非偶然。東坡初到徐州，即有〈和趙郎中見戲〉二首，自注云：「趙以徐妓不如東武，詩中見戲，云：只有當時燕子樓。」而所和詩首句即云：「燕子人亡三百秋」。❼東坡於盼盼事必極熟悉，惟在徐州期間，亦別無其他詩文及於盼盼者。

對於這闋詞，說解者都將焦點放在「燕子樓空，佳人何在，空鎖樓中燕」三句的「詠古超宕，貴神情不貴跡象也。」❽上片六句正面寫燕子樓小園之「清景無限」，卻「寂寞無人見」！雖則東坡已見矣，然若非當夜夜宿燕子樓，又夢盼盼，又「夢雲驚斷」，而後又「小園行遍」以「重尋」夢境，亦無由見此清景。是燕子樓小園初冬深夜無限美好清麗之景雖時時而有，卻恆常是「寂寞」而無人見知的。東坡偶來，有意無意中而得見此一向「寂寞」之清景，而清景又正與自己的寂寞心情冥會，遂生出下片大段人生感喟。東坡另外還有藉清景以寄

---

❼　按：蘇軾在神宗熙寧十年（公元1077年）四月到徐州任。「三百秋」言時間之長。

❽　見鄭文焯《手批東坡樂府》。

・寂寞無人見──東坡的幽獨情懷・

託深心寂寞的作品,如「華胥夢斷人何處,聽得鶯啼紅樹。幾點薔薇香雨,寂寞閒庭戶。」❾「鶯啼紅樹、薔薇香雨」的美景,雖在白晝,依然是在寂寞的庭戶中閒著,無人問津。又如:「溪山久寂寞,請續離騷經。……我頃嘗獨遊,自適孤雲情。……何山不堪隱,飲水自修齡。」❿寂寞的不僅是小園清景,連廣大的溪山都是如此,於是,東坡就「獨遊」以自適其如孤雲般的情懷。世之論東坡者,多謂東坡曠達,能隨遇而安。個人以為,東坡一生,情懷「幽獨」,非細心尋繹,頗難以體會「異時對、黃樓夜景,為余浩嘆」十一字中既自信又悲涼之曲折。「異時」是何時?那時還有人來對「黃樓夜景」嗎?還能有「黃樓」可「對」嗎?

比東坡略晚的賀鑄(公元1052—1125年),曾有〈燕子樓詩〉,其序云:

> 唐徐牧張建封晚得姬人盼盼,寵嬖之,為起燕子樓於使宅北城上,以處焉。後更兵火,樓不復存。天聖中,故相濮陽李公出守彭城,復樓於故址。壬戌重九後一日,余與二三僚友置酒樓上,分韻賦詩。而侍酒官妓亦有名盼盼者,蓋竊希唐人,因為見於卒章。⓫

---

❾ 〈桃源憶故人・暮春〉。
❿ 《蘇軾詩集》卷39〈次韻程正輔遊碧落洞〉。按:詩作於紹聖二年(公元1095年)四月,時在惠州。
⓫ 見《全宋詩》卷1103。

原來「燕子樓」早已為兵火所焚，到了宋代才重新復建的。「故相濮陽李公」指的是李迪（公元971-1047年），濮州人。宋真宗景德二年（公元1005年）進士第一，天禧四年（公元1020年）同平章事；仁宗明道二年（公元1033年）拜相，景祐二年（公元1035年）二月罷相知密州，十二月移徐州。❷至寶元二年（公元1039年）四月移知兗州❸。是賀鑄所記李迪於「天聖中」❹守徐州，時間錯誤。至於「壬戌」，則為宋神宗元豐五年（公元1082年），東坡已貶黃州三年。「燕子樓」毀而復建，新建的「燕子樓」也有四十年了，而燕子樓的主人盼盼則早已「人亡三百秋」了，那「黃樓」呢？「黃樓」能存留多久？「黃樓」的主人又能在世多久呢！黃樓或得如燕子樓般廢而重建繼續留存，供世人憑弔，然則盼盼之與東坡，名士美人，終將歸於凋零！此一「寂寞」，有何人能體會？這應該就是東坡的「幽獨」情懷吧！

二、徬徨明月照無眠

宋仁宗嘉祐四年（公元1059年）冬，守滿了母親程太夫人的喪期，蘇軾兄弟陪著父親再度進京。從嘉州出發，順岷江東南行，經犍為、宜賓，夜泊「牛口渚」，見居民貧而不失其樂，因有「人生本無事，苦為世味誘」、「今予獨何者，汲汲強奔

---

❷ 見《長編》卷116、117，《宋史》卷211〈宰輔表、二〉。
❸ 見《長編》卷123。
❹ 「天聖」為宋仁宗第一個年號，自公元1023年至1031年。

・寂寞無人見──東坡的幽獨情懷・

走」的⓯感慨。當夜臨睡前見月色清麗,遂披衣而起,想起嘉祐元年(公元1056年)初到京師即遇到大雨河決、洪水為患,京邑一片汪洋的情形,心中重有所感,於是寫了一首〈牛口見月〉詩:

> 掩窗寂已睡,月角垂孤光。披衣起周覽,飛露灑我裳。
> 山川同一色,浩若涉大荒。幽懷耿不寐,四顧獨徬徨。
> 忽憶丙申年,京邑大雨雱,蔡河中夜決,橫浸國南方。
> 車馬無復見,紛紛操筏郎。新秋忽已晴,九陌尚汪洋。
> 龍津觀夜市,燈火亦煌煌。新月皎如畫,疏星弄寒芒。
> 不知京國喧,謂是江湖鄉。今來牛口渚,見月重淒涼。
> 卻思舊遊處,滿陌沙塵黃。

蘇洵父子三人是嘉祐元年五月抵達汴京的,「時京師自五月大雨不止,水冒安上門關,折壞官司廬舍數萬區,城中繫筏渡人。」⓰水患至七月尚未平復。蘇軾目睹水災之慘象,京師已成「江湖鄉」,然宮廷大內前州橋夜市,卻依然燈火煌煌,形成強烈對比。事隔三年,牛口見月,聯想起汪洋京國的皎潔新月,心中倍感淒涼。此後,讓東坡經常對月而無眠的,就是這種多情多感、似「徬徨」無助的「幽懷」,無論他是用什麼樣的「題目」來「虛晃一招」!最有名的詞作之一〈念奴嬌、明月幾時

⓯ 見《蘇軾詩集》卷1〈夜泊牛口〉詩第13、14及結兩句。
⓰ 見《長編》卷182。

有〉，就是藉中秋望月懷念弟弟子由爲題，抒發他心中這種憂國憂民的情懷。詞作於「丙辰中秋」，「丙辰」是宋神宗熙寧九年（公元1076年），東坡由杭州通判調任密州（今山東高密）知州已經一年九個月，而離開朝廷也五年了。初從繁華富庶的杭州到偏遠貧乏的密州，東坡面對的是「歲比不登，盜賊滿野，獄訟充斥，而齋廚索然」⓱的困境，他到密州過的第一個上元節，「明月如霜」的優美旋律已然出現，而且就已經深刻的反映出了他潛在的「幽懷」：

> 燈火錢塘三五夜。明月如霜、照見人如畫。帳底吹笙香吐麝。更無一點塵隨馬。　寂寞山城人老也。擊鼓吹簫、卻入農桑社。火冷燈稀霜露下。昏昏雪意雲垂野。⓲

當年才四十歲的東坡，到了這座山城，心境是「寂寞」的，甚且一下子感覺到「老也」！相對於一年後的「貌加豐，髮之白者，日以反黑。」的「樂哉遊也」⓳，簡直令人難以相信。因此，在又過一年半後，面對中秋的皎潔明月，他既發出了「明月幾時有」的慨歎，卻又只有任由明月「照無眠」了！無眠的原因，固然是懷念子遊的手足之情，但更重要的應當還是關心「天上宮闕」──朝廷的「高處不勝寒」──充滿著鬥爭傾軋

⓱　語見〈超然臺記〉。
⓲　〈蝶戀花‧密州上元〉。
⓳　語見〈超然臺記〉。

・寂寞無人見——東坡的幽獨情懷・

的危亂,因而使得自己只能有「何似在人間」的無奈!但東坡即使認命的「在人間」,一樣躲避不了政爭的風暴,在感嘆「何似在人間」後的第三年,也就是在「夜宿燕子樓」後一年,東坡便因「謗訕新政」的罪名,被押解回「天上」。離開朝廷將近十年,想不到是如此的回朝廷的,真是情何以堪!在獄中過的是「夢繞雲山心似鹿,魂驚湯火命如雞」[20]的憂畏日子,明月是看不到的,只有夜夜通旦不交睫的無眠。一百三十天的牢獄之災總算捱過了,東坡重新又回到了「人間」。

東坡到黃州的第三年,也就是神宗元豐六年(公元1083年),寫下了一篇膾炙人口的〈記承天寺夜遊〉:

> 六月十二日,夜,解衣欲睡,月色入戶,欣然起行。念無與為樂者,遂至承天寺,尋張懷民。懷民亦未寢,相與步於中庭。庭下如積水空明,水中藻荇交橫,蓋竹柏影也。何夜無月?何處無竹柏?但少閒人如吾兩人耳![21]

這次的「夜遊」,又是由於「月色」引起的;「承天寺」庭下「如積水空明,水中藻荇交橫」的奇景,其實是月光映照竹柏樹的影子,也只有像東坡這樣的「閒人」才有幸看得到,否則

---

[20] 《蘇軾詩集》卷19〈予以事繫御史臺獄,獄吏稍見侵,自度不能堪,死獄中,不得一別子由,故作二詩授獄卒梁成,以遺子由。二首其二〉。
[21] 《蘇軾文集》卷59。

也將如「燕子樓」的夜景般,是「寂寞無人見」的。東坡被貶黃州,雖有團練副使官銜,卻「不得簽書公事」,除了寫《易傳》,真的是無所事事。這「閒人」自是實情的反映,但又是個「無與為樂者」的閒人,其「幽懷」也就可想而知了。十四年後的哲宗紹聖四年（公元1097年）十月,當東坡再由惠州遠貶海南,處境更壞時,有詩抒懷寄慨說:

> 當歡有餘樂,在戚亦頹然。淵明得此理,安處故有年。
> 嗟我與先生,所賦良奇偏,人間少宜適,唯有歸耕田。
> 我昔墮軒冕,毫釐真市廛,困來臥重裀,憂愧自不眠。
> 如今破茅屋,一夕或三遷。風雨睡不知,黃夜滿枕前。
> 寧當出怨句,慘慘如孤煙?但恨不早悟,猶推淵明賢。㉒

自出仕以來,雖或有重裀疊褥,總是因憂愧而不能成眠,憂什麼呢?又愧什麼呢?其實,無論他是否出仕,是在職或賦閒,他是一樣的憂國憂民的,正如范仲淹所說:「居廟堂之高,則憂其民;處江湖之遠,則憂其君。是進亦憂,退亦憂。」前文所引〈牛口見月〉詩,正可說明他的懷抱。我們再看看東坡既安於「無眠」「不寐」,又或渴求「睡足」的矛盾:

> 東鄰多白楊,夜作雨聲急;窗下獨無眠,秋蟲見燈入。㉓

㉒ 《蘇軾詩集》卷41〈和陶、怨詩示龐鄧〉。
㉓ 《蘇軾詩集》卷3〈次韻子由岐下詩、軒窗。〉嘉祐七年（公元1062年）在鳳翔作。

・寂寞無人見──東坡的幽獨情懷・

物化逝不留,我興爲嗟咨。便當勤秉燭,爲樂戒暮遲。㉔
雞鳴發餘杭,到寺已亭午,參禪固未暇,飽食良先務。
平生睡不足,急掃清風宇。㉕
壺漿慰作勞,裹飯救寒苦。今年秋應熟,過從飽雞黍。
嗟我獨何求,萬里涉江浦。居貧豈無食,自不安畎畝。
念此坐達晨,殘燈翳復吐。㉖
憂來不能寐,起視天漢渺;闌干玉繩低,耿耿太白曉。㉗
餘年知幾何?佳月豈屢逢?寒魚亦不睡,竟夕相喣噅。㉘

㉔ (《蘇軾詩集》卷8〈秋懷〉二首之一)按秋懷二首繫於〈哭歐陽公、孤山僧惠思示小詩、次韻〉前,歐陽修卒於熙寧五年(公元1072)閏七月庚午(23日),而據《總案、八》,東坡九月始得歐陽修訃告,哭於孤山惠勤之室,為文祭之。則此二詩應作於九月前,又詩中「今年秋應熟」蓋是期望之語,詩當在七、八月間所作。蘇軾於熙寧四年六月以太常博士直使館通判杭州,十一月二十八日抵杭州任。時年三十七。按:《長編卷230》熙寧五年二月壬子:「賜兩浙轉運常平穀十萬石賑濟浙西水災,州軍仍募貧民興修水利。」

㉕ 《蘇軾詩集》卷7〈宿臨安淨土寺〉。熙寧五年(公元1072年)五月在杭州作。

㉖ 《蘇軾詩集》卷8〈秋懷〉二首之二。熙寧五年1072、七、八間在杭州作。

㉗ (《蘇軾詩集》卷9〈正月九日有美堂飲醉歸徑睡,五鼓方醒,不能復眠,起閱文書,得鮮于子駿所作雜興,作古意一首答之〉。熙寧六年(公元1073年)在杭州作。

㉘ 《蘇軾詩集》卷17〈中秋月寄子由〉三首之一。元豐元年(公元1078年)七月在徐州作。

・東坡的心靈世界・

> 歸來記所歷，耿耿清不眠；道人亦未寢，孤燈同夜禪。㉙
> 此別何足道，大江東西州，畏蛇不下榻，睡足吾無求。便為齊安民，何必歸故丘。㉚
> 玉堂清冷不成眠㉛
> 昨夜通旦不交睫，端坐饗蚊子爾，不知今夕如何度？㉜

東坡之經常失眠，實緣其「幽懷」；其「幽懷」如何，透過以上所引詩文，亦可知其大概矣！

三、平生幽獨守環堵

東坡晚年在惠州時，曾經告訴朋友說：

> 軾齠齔好道，本不欲婚宦，為父兄所強，一落世網，不能自逭。㉝

㉙ 《蘇軾詩集》卷18〈端午遍遊諸寺得禪字〉。元豐二年（公元1079年）初至湖州作。道人指參寥。

㉚ 《蘇軾詩集》卷20〈子由自南都來陳三日而別〉元豐三年（公元1080年）正月出京赴黃州。按：佛《遺教經》：「煩惱毒蛇睡在汝心，譬如黑蚖在汝室睡，當以持戒之鉤，早併除之。睡蛇既出乃可安眠。不出而眠，是無慚人。」

㉛ 《蘇軾詩集》卷30〈夜直玉堂攜李之儀端叔詩百餘首讀至夜半書其後〉。元祐三年（公元1088年）在翰林學士任上作。

㉜ 《蘇軾文集》卷58〈與米元章書之24〉—自海南北歸。

㉝ 《蘇軾文集》卷49〈與劉宜翁書〉。

東坡與「道」的淵源,可以由他給朋友的書信中看出:

> 在杭州常遊壽星院,入門便悟曾到,能言其院後堂殿山石處。㉞

而所以「不欲婚宦」,是對自己的賦性有真切的認知,他早年在回答葉進叔的信中就說:

> 僕狷介寡合之人也,……,至以謂僕之交,不能把臂服膺以示無間。凡此者,非疑非蔽也,乃僕所以為狷介寡合者。㉟

說東坡是一個不能與朋友「把臂服膺以示無間」的人,誰能相信?但這卻是他自己的告白,而且原因正是因為自己個性的「狷介寡合」,想到東坡身邊有那麼多的年輕文人圍繞著,東坡的博學多聞、文采洋溢、幽默風趣、豁達開朗,贏得了眾人的尊敬,說他「狷介」有所不為,當然沒有問題,但他怎麼會是「寡合」的人呢?在湖州時,他給舒堯文的信中說:

> 軾天資懶慢,自少年筋力有餘時,已不喜接應人事。其餘酬酢往返,蓋常和也,而未嘗敢倡也。近日加之衰病,向所為和者又不能給,雖知其勢必為人所怪怒,但弛廢

㉞ 《蘇軾文集》卷49〈答陳師仲主簿書〉在黃州作。
㉟ 《蘇軾文集》卷49。

之心不能自克。㊱

「不喜應接人事」，豈不與嵇康同病？雖然還能「和」，卻不免有「心爲形役」的悵惘。這樣一個「齠齔好道」、「狷介寡和」以至於被人認爲不能「把臂服膺以示無閒」、又自少即不喜接應人事的人，其結果會是如何呢？那當然是表面熱烈風光的「和」，骨子裡卻是非常非常的「寂寞」的，而這種「寂寞」，也只有自己知道，別人是很難以了解的。前文所引「寂寞無人見」、「寂寞人老也」，都可以說明東坡的心情，下面我們舉出他更多的自白，進一步證明東坡確實是一個內心寂寞的人。

都下春色已盛，但塊然獨處，無以爲樂。㊲

海風東南來，吹盡三日雨，空階有餘滴，似與幽人語。念我平生歡，寂寞守環堵。㊳

年來漸識幽居味，思與高人對榻眠。㊴

崎嶇世味嘗應遍，寂寞山棲老漸便。唯有憫農心尚在，起占雲漢更茫然。㊵

㊱ 《蘇軾文集》卷56〈答舒堯文〉之1。

㊲ 《蘇軾文集》卷59〈與楊濟甫書〉。嘉祐四年（公元1059年）除喪還朝時作。

㊳ 《蘇軾詩集》卷8〈秋懷二首〉之2。熙寧五年（公元1072年）在杭州作。

㊴ 《蘇軾詩集》卷8〈是日宿水陸寺、寄北山清順僧〉2首之1。熙寧五年（公元1072年）在杭州作。

㊵ 《蘇軾詩集》卷10〈立秋日禱雨，宿靈隱寺，同周、徐二令〉。熙寧

・寂寞無人見——東坡的幽獨情懷・

羈孤每自笑，寂寞誰肯伴。㊶
老弟東來殊寂寞，故人留飲慰酸寒。㊷
廢興古郡詩無數，寂寞閒窗易粗通。㊸
相逢一醉豈有命，南來寂寞君歸矣。㊹
對岸即武昌諸山，時時扁舟獨往。㊺
一朝寂寞風雨散，對影誰念月與吾。㊻
曉雨暗人日，春愁連上元；水生挑菜渚，煙溼落梅村。小市人歸盡，孤舟鶴踏翻，猶堪慰寂寞，漁火亂黃昏。㊼
四面垂楊十里荷，問云何處最花多，畫樓南畔夕陽和。　天氣乍涼人寂寞，光陰須得酒消磨。且來花裏聽笙歌。㊽

六年（公元1073年）立秋日作，時在杭州通判任。
㊶ 《蘇軾詩集》卷13〈二公（段繹之、喬有工）再和亦再答之〉。熙寧八年（公元1075年）在密州作。
㊷ 《蘇軾詩集》卷15〈次韻答邦直、子由〉5首之3。熙寧十年（公元1077年）初至徐州作。
㊸ 《蘇軾詩集》卷20〈次韻樂著作野步〉1080在黃州作。
㊹ 《蘇軾詩集》卷26〈蔡景繁官舍小閣〉。案施注：「東坡自黃移汝，以元豐七年（公元1084年）至日過山陽—時景繁爲淮南轉運副使，置司楚州。而方行部；十二月朔坡至泗州，景繁是月得疾辛。」
㊺ 《蘇軾文集》卷57〈答吳子野〉之4。
㊻ 《蘇軾詩集》卷34〈次前韻送劉景文〉。元祐六年（公元1091年生日前作）。「一朝寂寞」言朋友星散。
㊼ 《蘇軾詩集》卷40〈新年五首、其一〉。紹聖三年（公元1096年）正月作。
㊽ 〈浣溪沙、荷花〉。

・75・

「念我平生歡，寂寞守環堵」一語，真道盡了東坡的「幽獨」情懷，面對這廣漠無邊的寂寞，塊然獨處，對月對影，於是或讀易，或獨遊，或聽歌，或飲酒，或看花觀漁火，而無論如何，對農民生存生活的悲憫，是恆久不變的。東坡的寂寞看來如此的與常人無異，卻又如此的與常人不同！

東坡既是寂寞的人，當然對於古來同樣是「寂寞」的人，就寄予同情與欣賞，或引為自況；如：

　　誰憐寂寞高常侍，老去狂歌憶孟諸。㊾

施注：「高適為封丘尉日，有詩云：我本漁樵孟諸野，一生自是悠悠者…。」東坡當然也是借高適酒杯以澆自己胸中之塊壘的。又如：

　　蓋公偶談道，齊相獨識真：頹然不事事，客至先飲醇。
　　當時劉項龍，四海瘡痍新。三盃洗戰國，一斗消強秦。
　　寂寞千載後，陽公嗣前塵，醉臥客懷中，言笑徒多勤。
　　我時閱舊史，獨與三人親，未暇餐脫粟，苦心學平津。
　　草書亦何用，醉墨淋衣巾，一揮三十幅，持去聽坐人。㊿

案：此詩以蓋公、曹參、陽城為異代知己：參任齊相國，蓋公

㊾　《蘇軾詩集》卷31〈去杭州十五年，復遊西湖，用歐陽察判韻〉。元祐四年（公元1089年）七月三日到知杭州任後作。
㊿　《蘇軾詩集》卷35〈和陶飲酒二十首之二十〉。元祐七年（公元1092年）八月前在揚州作。

爲言治道貴清靜而民自定。故相齊九年而民安集。及爲宰相，日夜劇飲。賓客見參不事事，欲有言，至者，參輒飲以醇酒，醉而後去，終莫得開說。唐代陽城，爲諫議大夫，日夜劇飲，客欲諫止者，城揣知其情，強飲客。客辭，即自飲滿，或先醉臥客懷中。東坡藉和陶潛飲酒詩，而以蓋公、曹參、陽城三人之常醉不事事爲師。時王安石、司馬光相繼謝世，太皇太后高氏掌政，在朝多舊黨人士，看似一片平和，然「紹述」暗潮已自醞釀，朝局之反覆難以避免，東坡藉此以倡言清淨無爲之治道乎！

> 京口有陳輔之秀才，學行甚高，詩文皆過人，與王荊公最雅素，荊公用事，他絕不自通，及公退居金陵，日與之唱和，孤介寡合，不娶不仕，近古獨行。然貧甚，薪水不給。[51]

稱道陳輔之之學行高，安貧不自通於高貴，孤介寡和，以爲是獨行之士。同時所作又有〈至秀州(今浙江嘉興)贈錢端公安道，併寄其弟惠山老〉詩：

> 結交最晚情獨厚，論心無數今有幾？
> 寂寞抱關嘆蕭生，耆老執戟哀楊子。[52]

---

[51] 《蘇軾文集》卷55〈與章子平書之6〉。此書孔凡禮繫於杭州，或應在徐州作。

[52] 《蘇軾詩集》卷8。

按查注：錢顗字安道，曾任監察御史裏行（唐代稱端公）。熙寧初上書彈劾王安石而遭貶。此四句用蕭望之不屈於霍光，而寧從己志，至為抱關小吏而仍自得，及揚雄與王莽並薦，莽至三公而揚三世不遷官事，以稱讚錢顗之獨行，並引為知己。

對孤高的人物如此欣賞，對花卉對禽鳥也一樣有這種惺惺相惜的情懷；元豐三年（公元1080年）初到黃州時，東坡便曾有類似的感慨，他在〈寓居定惠院之東，雜花滿山，有海棠一株，土人不知貴也〉的詩中說：

江城地瘴蕃草木，只有名花苦幽獨。嫣然一笑竹籬間，桃李漫山總粗俗。也知造物有深意，故遣佳人在空谷。自然富貴出天姿，不待金盤薦華屋。朱唇得酒暈生臉，翠袖捲紗紅映肉。林深霧暗曉光遲，日暖風輕春睡足。雨中有淚亦悽愴，月下無人更清淑。先生食飽無一事，散步逍遙自捫腹。不問人家與僧社，柱杖敲門看修竹。忽逢絕豔照衰朽，嘆息無言揩病目。陋邦何處得此花，無乃好事移西蜀。寸根千里不易致，啣子飛來定鴻鵠。天涯流落俱可念，為飲一尊歌此曲。明朝酒醒還獨來，雪落紛紛那忍觸。㊼

海棠之被鴻鵠由西蜀啣來黃州，正是造物之深意，雖是一株「幽獨」，漫山之桃李卻因之而變粗俗，尤其在月光下，雖寂寞無

㊼　《蘇軾詩集》卷20。

人，卻益顯清麗優雅。同是天涯流落，東坡對這一株海棠當然寄予最大的關懷，唯恐一陣風雨，花瓣飄零如紛紛雪落。全詩既說海棠也說自己。又如同在黃州所作的〈杜沂遊武昌，以酴醾花菩薩泉見餉二首之一〉詩詠酴醾花說：

> 酴醾不爭春，寂寞開最晚。……不粧艷已絕，無風香自遠。㊾

以酴醾之「不爭春」，寧守「寂寞」而晚開，卻依然表現「不粧艷已絕，無風香自遠」的絕代風華，寄託自己的美德。晚年在儋州作〈五色雀〉詩：

> 粲粲五色羽，炎方鳳之徒。清黃縞玄服，翼衛兩絨朱。
> 仁心知憫農，常告雨霽符。我窮惟四壁，破屋無瞻烏。
> 惠然此粲者，來集竹與梧。鏘鳴如玉佩，意欲相嬉娛。
> 寂寞兩黎生，食菜眞臞儒。小圃散春物，野桃陳雪膚。
> 舉杯得一笑，見此紅鸞雛。高情如飛仙，未易握粟呼。
> 胡爲去復來，眷眷豈屬吾。回翔天壤間，何必懷此都。㊿

此詩前有序說：「海南有五色雀，常以兩絳者爲長（即詩中所謂『翼衛兩絨朱』）進止必隨焉。俗謂之鳳凰云。久旱而見輒雨，潦則反是。吾卜居儋耳城南，嘗一至庭下。今日又見之進士黎

㊾ 《蘇軾詩集》卷20。
㊿ 《蘇軾詩集》卷43。元符三年（公元1100年）初作於儋州。

子雲及其弟威家。既去，吾舉酒祝曰：若爲吾來者，當再集也。已而果然，乃爲賦詩。」

以五色雀有憫農之「仁心」，出沒如飛仙，原是「未易握粟呼」的，但對「寂寞」「困窮」的黎氏兄弟及東坡，卻表現了「高情」，一再來集。東坡於是有所感焉：五色雀固可回翔於天壤間，高飛千仞，而有益於農民，何必非在京師不可。此既以自喻自寬，又所以勉黎氏兄弟也！

四、多難憂畏但無言

也許是東坡「念我平生歡，寂寞守環堵」的話一語成讖，所以當他一而再、再而三的被貶謫時，他所面臨的已不僅是有志難申的心靈的寂寞，更有「多難畏人」的憂畏心理，因此只有自我閉塞，緘默不言，以避免人事的紛擾。以下所引錄的這些話語，都可以說明在遭難後東坡的無奈：

> 某自竄逐以來，不復作詩與文字……但多難畏人，遂不敢耳。其中雖無所云，而好事者巧以醞釀，便生出無窮事也。㊻
>
> 得罪以來，深自閉塞，扁舟草履，放浪山水間，與樵漁雜處，往往爲醉人推罵，輒自喜漸不爲人識。㊼

㊻ 《蘇軾文集》卷57〈與陳朝請〉之2。作於黃州。
㊼ 《蘇軾文集》卷49〈答李端叔書〉。在黃州作。

黃當江路，過往不絕，語言之間，人情難測，不若稱病不見為良計。二年不知出此，今始行之耳。㊾

見教作詩，既才思濁陋，又多難畏人，不作一字者已三年矣。㊾

某自得罪，不復作詩文，不惟筆硯荒廢，實以多難畏人，雖知無所寄意，然好事者不肯見置，開口得罪，不如且已。㊿

但多難畏人，不復作文字，惟時作僧佛語耳。㊶

寓居官亭，俯迫大江，几席之下，雲濤接天，扁舟草履，放浪山水間。客至，多辭以不在，往來書疏如山，不復答也。此味甚佳，生來未嘗有此適。㊷

定居之後，杜門燒香，閉門清坐，深念五十九年之非也。㊸

今遠竄荒服，負罪至重，無復歸望。杜門屏居，寢飯之外，更無一事，胸中廓然，實無荊棘。㊹

在海外孤寂無聊，過時出一篇見娛，則為數日喜。㊺

㊾ 《蘇軾文集》卷51〈與滕達道〉之20。在黃州作。
㊾ 《蘇軾文集》卷51〈與上官彝〉之3。在黃州作。
㊿ 《蘇軾文集》卷58〈與沈睿達〉之2。在黃州作。
㊶ 《蘇軾文集》卷58〈與程彝仲〉之6。在黃州作。
㊷ 《蘇軾文集》卷59〈與王慶源〉之5。在黃州作。
㊸ 《蘇軾文集》卷57〈與吳秀才〉之2。在惠州作。
㊹ 《蘇軾文集》卷49〈與劉宜翁書〉。在惠州作。
㊺ 《蘇軾文集》卷49〈答劉沔都曹書〉。在海南作。

此島中孤寂，春色所不到也。(66)

此間百事不類海北，但杜門面壁而已。(67)

僕既病倦不出，出亦無與往還者，闔門面壁而已。(68)

其實，即使身在朝堂，東坡一樣的有憂畏之心，如：

劣任與時齟齬，終當捨去，相從林下也。(69)

某以不善俯仰，屢致紛紛，想已聞其詳。……褊淺多忤，有愧教誨之素。(70)

某在京師，已斷作詩，近日又卻時復爲之，蓋無以遣懷耳。(71)

「不善俯仰」的個性，其結果自是「與時齟齬」，唯一的辦法是回歸林下，但即使是此一願望，最後還是落空了。東坡晚年在海南時，在給子由的信中引了陶淵明臨終時對兒子們說的說：

「吾少而窮苦，每以家弊東西遊走；性剛才拙，與物多忤，自量爲己，必貽俗患。」淵明此語蓋實錄也。吾今

(66) 《蘇軾文集》卷58〈與張逢〉之5。在海南作。
(67) 《蘇軾文集》卷58〈與羅秘校〉之4。在海南作。
(68) 《蘇軾文集》卷55〈與程秀才〉之2。在海南作。
(69) 《蘇軾文集》卷56〈答楊君素〉之1，在杭州通判任上。
(70) 《蘇軾文集》卷50〈與張太保安道〉1。在朝任翰林時。
(71) 《蘇軾文集》卷55〈與林子中〉之4。在揚州任。

・寂寞無人見——東坡的幽獨情懷・

真有此病，而不早自知，半生出仕，以犯世患。⓻²

其實，東坡早已有自知之明，畢竟所處的時代背景與陶淵明不同，晚年的後悔出仕，還是深致遺憾之意。一生的塊然幽獨，已成事實，還能如何呢？東坡在慨嘆「繁華真一夢，寂寞兩榮朽。」⓻³之餘，也只有說：

老拙百念灰寂，獨一觴一詠，亦不能忘。⓻⁴

在一切期望灰飛寂滅後，惟賴飲酒賦詩，以寄其幽獨情懷了。

五、誰識當年寂寞心

東坡晚年在海南島時，身邊的書籍，只有陶淵明集和柳宗元詩文數冊；他說：

流轉海外，如逃空谷，既無與晤語者，又書籍舉無有，惟陶淵明一集，柳子厚詩文數冊，常置左右，目為二友。⓻⁵

東坡在海南之擁有陶淵明集和柳宗元詩文，應該不是偶

⓻² 見《全宋文》卷2075、蘇轍〈子瞻和陶淵明詩引〉。
⓻³ 《蘇軾詩集》卷16〈和鮮于子駿鄆州新堂月夜〉2首之1。元豐元年（公元1078年）六月在徐州。
⓻⁴ 《蘇軾文集》卷58〈與朱行中〉之2。由海南北返。
⓻⁵ 《蘇軾文集》卷55〈與程全父〉之11。在海南作。

然的,對陶淵明的欽仰從前引他給子由的信以及他遍和陶詩可知,陶淵明既有「性剛才拙,與物多忤」的感嘆,自然也是「寂寞」的;先師鄭因百教授曾說:

> 淵明雖有野老田翁桑麻共話,近鄰親友雖黍相招,那只是暫時的寄託,到了長夜獨飲、形影問答,寂寞心情就湧上來了。他的停雲詩完全是寫寂寞的,此外如「萬族各有託,孤雲獨無依。」「欲言無予和,揮杯勸孤影」「寢寂衡門下,邈與世相絕;顧眄莫誰知,荊扉畫常閉。」「貧居乏人工,灌木荒余宅;班班有翔鳥,寂寂無行跡。」處處流露著寂寞心情,描寫著寂寞生涯。若夫「蕭索空宇中,了無一可悅。」「披褐守長夜,晨雞不肯鳴。」則又近於苦悶了。但是他能擔負,能忍耐,以致把苦悶疏散緩和了,只剩下寂寞,他又進而賞玩這寂寞。❼⓰

東坡的處境要比淵明險惡艱苦得多了,他卻也能學得淵明賞玩寂寞的境界,這應該是東坡「細和淵明詩」❼⓱的心境吧!

至於柳宗元,金、元好問〈論詩絕句〉第二十首云:

> 謝客風容映古今,發源誰似柳州深。
> 朱絃一拂遺音在,卻是當年寂寞心。

---

❼⓰ 見鄭騫《景午叢編》上集〈詩人的寂寞〉(台灣中華書局1972年出版)。
❼⓱ 見黃庭堅《山谷詩內集》卷17〈跋子瞻和陶詩〉。

柳宗元因王叔文案被貶永州,萬里投荒,去國十年,言語不通,形神無偶,其心境之寂寞悲涼,從他的〈與京兆許孟容書〉中就可充分明白。

前賢也曾把柳宗元和陶淵明、白居易在面對逆境時的表現作過比較,而認為柳宗元太過悲傷,且深致惋惜之意:

> 子厚之貶,其憂悲憔悴之歎,發於詩者,特為酸楚。閔己傷志,固君子所不免,然亦何至於是,卒以憤死,未為達理也。樂天既退閒,放浪物外,若真能脫屣軒冕者,然榮辱得失之際,銖銖校量,而自矜其達,每詩未嘗不著此意,是豈真能忘之者哉?亦力勝之耳。惟淵明則不然。觀其〈貧士〉、〈責子〉與其他所作,當憂則憂,遇喜則喜,忽然憂樂兩忘,則隨所遇而皆適,未嘗有擇於其間,所謂超世遺物者,要當如是而後可也。觀三人之詩,以意逆志,人豈難見?以是論賢不肖之實,亦何可欺乎![78]

蔡居厚對柳宗元的歎惋之意,東坡固早已發之,他說:

> 柳子厚〈南澗〉詩:「秋氣集南澗,獨遊亭午時。回風一蕭索,林影久參差。始至若有得,稍深別忘疲。羈禽響幽谷,寒藻舞淪漪。去國魂已游,懷人淚空垂。孤生易為感,末路少所宜。寂寞竟何事,遲回只自知。誰歟

---

[78] 見《苕溪漁隱叢話》前集十九引〈蔡寬夫詩話〉。

後來者,當與此心期。」柳子厚南遷後詩,清勁紆餘,大率類此。紹聖三年三月六日。

柳儀曹〈南澗〉詩,憂中有樂,樂中有憂,蓋絕妙古今矣。然老杜云:「王侯與螻蟻,同盡歸丘墟。」儀曹何憂之深也。㊀

東坡晚年在海南,細讀柳宗元詩,深造有得,故於柳詩特爲稱美,如云:

詩須要有爲而作,用事當以故爲新,以俗爲雅。好奇務新,乃詩之病。柳子厚晚年詩,極似陶淵明,知詩病者也。

柳子厚詩在在陶淵明下韋蘇州上。退之豪放奇險則過之,而溫麗靖深不及也。所貴乎枯澹者,謂其外枯而中膏,似澹而實美;淵明、子厚之流也。若中邊皆枯澹,亦何足道!佛云:「如人食蜜,中邊皆甜。」人食五味,知其甘苦者皆是,能分其中邊者,百無一二也。(評韓柳詩)

李、杜之後,詩人繼作,雖間有遠韻,而才不逮意;獨韋應物、柳宗元,發纖穠於簡古,寄至味於澹泊,非餘

㊀ 見《蘇軾文集》卷67,案東坡所引杜詩見杜甫所作〈謁文公方丈〉詩,杜甫51歲作。

子所及也。⑧

東坡的遭遇其實是與柳宗元比較相似的,所以他對陶淵明是心存嚮往崇敬,而在細讀柳宗元的詩作後,不僅對柳宗元的詩重新評估,對柳宗元的遭遇則應該是更深切的同情與悲憫,也就是說他更能體會柳宗元當年的「幽獨寂寞」的情懷。⑧東坡能深切體悟陶淵明與柳宗元的「寂寞」情懷,引爲二友,可是,在東坡當時,又有誰眞能知道東坡的寂寞呢?後人看到了東坡豁達開朗、隨遇而安甚至嬉笑怒罵的一面,卻也往往忽略了他當年「無人見」的寂寞心境!

2001年5月29日

---

[80] 見〈書黃子思詩集後〉。以上三條俱見《蘇軾文集》卷67。
[81] 柳宗元詩共161首,而用「寂寞」「索寞」「孤」「獨」等字自寄悲涼者有37句之多。

此生定向江湖老
——東坡的揚州心情

一、維揚自古爭戰地

揚州在五代時屬南唐，後周世宗於顯德二年（955A.D）親征淮南，四年春，大破南唐中主李璟軍於紫金山；五年春，進克揚州。李璟大懼，請和：畫江為界，盡割江北之地，歲貢土物數十萬，稱臣於周。世宗許之。遂奉周正朔，上表自稱「唐國主」。❶江北之地既為周有，周恭帝嗣位（960A.D），以李重進為檢校太尉、淮南道節度使。及陳橋兵變，宋太祖黃袍加身後，遷李重進為中書令，改平盧節度使，移鎮青州；李重進內不自安，竟謀起兵。太祖親征，破揚州，李重進自焚死。❷案：王禹偁於此事有云：

> 我太祖皇帝受禪於周，起封在宋，朱旗所指，黔首乂

---

❶ 《宋史》卷478〈南唐世家〉。
❷ 《宋史》484〈李重進傳〉。

安。惟李重進作帥江都，嬰城構逆，時建隆元年九月也。乃命故中書令石公，統王師以討之。十有二月，傅於城下，於是建行宮，迎法駕。是月十一日，太祖至大儀驛，距廣陵六十里。夜半而城陷，詔宣徽北院使李公知州軍事。❸

宣徽北院使指李處耘。時揚州兵火之餘，全境凋弊，李處耘「勤於撫綏，輕徭薄賦，召屬縣父老，訪民間疾苦，悉去之。揚州遂安。」❹按李處耘，潞州上黨人（今山西上黨）。本傳云：

從平澤、潞，遷羽林大將軍、宣徽北院使。討李重進，

---

❸ 《小畜集》19〈揚州建隆寺碑〉。案《北宋經撫年表》卷四、至道二年王禹偁下吳廷燮按語云：「案建隆元年九月戊申，淮南節度使李重進改平盧，己未，舉兵。十一月丁未，克揚州，死之。是日，石守信兼知揚州。十一月己丑，李處耘知。……」與王禹偁所記略異。《續資治通鑑長編》卷一載此事較宋史李重進傳略詳：「九月己未，重進反書聞。上命馬步軍副都指揮使歸德節度使石守信為揚州行營都部署兼知揚州行府事，……帥禁兵討之。……冬十月丁亥，下詔親征，戊寅發京師，丁未至大義驛。是夕次騎城下，登時攻拔之。李重進竟室焚火死。乙丑，命宣徽北院使李處耘權知揚州。十二月己巳，上發揚州，丁亥至京師。」今按下詔親征在十月二十一日。自京發在二十四日。至大義驛在十一月十一日，是夕破揚州。命李處耘在二十九日。發揚州在十二月初三，二十一日抵京。王禹偁誤為十二月十一日陷揚州。而李處耘為宋廷所任命的第一位揚州知州。又《北宋經撫年表》所引王禹偁〈揚州建隆寺碑記〉〈全椒縣重修大殿碑〉〈揚州謝上表〉等文均有所省略。

❹ 《續資治通鑑長編》卷1。

為行營兵馬都監。賊平,以處耘知揚州。大兵之後,境內凋弊,處耘勤於綏撫,奏減城中居民屋稅,民皆悅服。建隆三年,詔歸京師,老幼遮道涕泣,累日不得去。……乾德四年卒,年四十七。(公元920—966)」❺

是李處耘為宋朝所任命的第一位揚州知州。揚州雖在李處耘勤於綏撫之下,日漸復原,然在三十六年後王禹偁知揚州時,似乎仍未恢復舊觀;王禹偁初到揚州時曾說:

> 今蒙陛下擢從小郡,權涖大藩。雖放棄之臣,君恩未替;而要衝之地,使命孔多。惟臣素乏家財,本州元無公用,恐因供億,別掇悔尤。……況揚州雖號藩方,無多戶口。❻

四年後,他回憶揚州的防禦設施,更說:

> 臣比在滁州,值發兵挽漕,關城無人守禦,止以白值代主開閉,城池既圮,器杖不完。及遷維揚,稱為重鎮,乃與滁州無異:嘗出鎧甲二十副與巡警使臣,彀弩張弓十損四五。❼

---

❺ 《宋史》卷257。
❻ 《小畜集》卷6〈揚州謝上表〉。
❼ 《小畜集》卷9〈乞備盜疏〉。

以揚州為「控淮海之津梁,會東南之漕運」之「大邦」,❽戰後近四十年,戶口猶不多,財務狀況窘困如此,地方防備粗陋如此,足見李重進之亂所造成之傷害不小。而揚州地處四方水路要衝,承平時固然興盛繁華,一旦天下用兵,則揚州亦首當其衝,歷史上許多的兵燹都對揚州造成重大的毀傷,由宋初的情形,亦可以印證矣。

　　揚州自李處耘於建隆元年（公元960）十一月受命為第一任知州後,至北宋之亡,一百六十幾年間,知州事者何止百人,其中以文名著於後世者,前有王禹偁於太宗至道二年（公元996）十一月至三年六月間知揚州,其後歐陽修於仁宗慶歷八年（公元1048）閏八月至皇祐元年（公元1049）正月間知揚州,而蘇軾於元祐七年（公元1092）正月至八月間知揚州,三人在職時間均僅約半年左右。❾揚州原屬淮南路,宋神宗熙寧五年（公元1072）析淮南為東、西二路,揚州屬淮南東路。凡知揚州者,即兼領淮南東路馬步軍都總管、淮南節度管內觀察使、揚州長史事,領揚、亳、宿、楚、海、泰、泗、滁、眞、通十州,高郵、漣水二軍。蘇軾知揚州時,揚州已屬淮南東路。本文試以蘇軾在揚州時所作詩文為線索,以了解蘇軾當時的心情。

---

❽ 語見《小畜集》卷6〈揚州謝上表〉。
❾ 北宋知州軍之官員調動頻繁,任期短暫,且往往尚未就任又改調他處。可於《北宋經撫年表》及其他文獻中明顯得知。

二、爲親江湖請廣陵

蘇軾對自己到揚州任知州，有這麼一段告白：

> 伏念臣本以鯫生，冒居禁從。頃緣多病，力求潁尾之行；曾未半年，復有廣陵之請。蓋以魚鳥之質，老於江湖之間。習與性成，樂居其舊；天從民欲，許擇所安。❿

從自稱「復有廣陵之請」看來，到揚州是蘇軾自己請求的。八年前，蘇軾在被貶謫黃州五年之後，終於在宋神宗「人才實難，不忍終棄」的覺悟下，獲得寬赦，元豐七年（公元1084）四月量移汝州，次年三月神宗病逝，哲宗繼位，高太后聽政。六月，蘇軾起知登州，到官五日，被召還朝任禮部郎中。還朝半月即升任起居舍人，三個月後升中書舍人，不久又升翰林學士、知制誥；元祐四年（公元1089），蘇軾連章請郡，三月出知杭州；在杭州兩年。元祐六年（公元1091）三月自杭州召還朝任翰林學士、知制誥兼侍讀，六月到京。此時蘇轍亦還朝，先任御史中丞，再升尚書右丞。兄弟俱居要津，滿朝側目，致屢遭攻擊。於是蘇軾連上三狀請辭翰林學士承旨，力陳八章請求外任。蘇軾並特別提出了「揚、越、陳、蔡」四郡，希望朝廷擇一成全。

---

❿ 《全宋文、蘇軾、十七》〈揚州謝到任表、二〉。

⓫八月八日，以龍圖閣學士知穎州軍州事。蘇軾有謝表云：

> 伏蒙聖恩，以臣累章乞郡，除臣龍圖閣學士知穎州者。引賢求避，顧舊典之甚明；易職寵行，荷新恩之至厚。………欲使曲全於晚節，憐其無用，許以少安。凡力請八章而後從，使不爲一乞而遽去。在臣進退，可謂光榮。⓬

在赴任穎州前，當年五十六歲的蘇軾，寫了一首〈感舊詩〉，既與弟弟子由告別，亦藉以抒發情懷。詩敘說：

> 嘉祐中，予與子由同舉制策，寓居懷遠驛，時年二十六，而子由二十三耳。一日，秋風起，雨作，中夜翛然，始有感慨離合之意。自爾宦遊四方，不相見者，十嘗七八。每夏秋之交，風雨作，木落草衰，輒悽然有此感，蓋三十年矣。元豐中，謫居黃岡，而子游亦貶筠州，嘗作詩以記其事。元祐六年，予自杭州召還，寓居子由東府，數月復出領汝陰。時予年五十六矣。乃作詩，留別子由而去。⓭

詩云：

⓫ 《全宋文・蘇軾・十六》〈辭免翰林學士第一、二、三狀〉。
⓬ 《全宋文・蘇軾・十六》〈謝除龍圖閣學士知穎州表〉。
⓭ 《蘇軾詩集》卷33。

> 床頭枕馳道，雙闕夜未央。車轂鳴枕中，客夢安得長。
> 新秋入梧葉，風雨驚洞房。獨行殘月影，悵焉感初涼。
> 筮仕記懷遠，謫居念黃岡。一往三十年，此懷未始忘。
> 叩門呼阿同，安寢已太康。青山映華髮，歸計三月糧。
> 我欲自汝陰，徑上潼江章。想見冰盤中，石蜜與柿霜。
> 憐子遇明主，憂患已再嘗。報國何時畢，我心久已降。⓮

同時也有書信寄給好友王定國，信中言：

> 自公去後，事尤可駭，平生親友，言語往還之間，動成坑阱，即紛紛也。……得穎藏拙，餘年之幸也，自是苦心鉗口矣！⓯

此一敘、一詩、一書可謂道盡蘇軾當時心境。蘇軾在穎州七個月，朝廷有調遷他到鄆州的決定；他給朋友的信中說：

> 某見報移鄆，老病豈堪此劇郡？方欲力辭而請越，不惟適江湖之思，又免過都紛紛，未知允否。⓰
> 某見報移汶上，而敕未下，老病不堪寄任，方欲力辭，未知得免否。⓱

⓮ 王文誥以爲此詩後半主旨在申明自此以後，自己將以及民爲事，而國事則委之子由。又，「阿同」，蘇轍小名。
⓯ 《全宋文》蘇軾之51。
⓰ 《全宋文》蘇軾卷52〈與王定國〉。
⓱ 《全宋文》蘇軾卷59〈與汪道濟〉。

・東坡的心靈世界・

案：元祐七年正月丁未（24日），朝廷已有人事更動命令頒布：原知鄆州的劉摯改知大名府，原知大名府的張璪調知揚州，蘇軾從穎州調鄆州。命令已下，御史中丞鄭雍、殿中侍御史楊畏、吳立禮交章奏請收回劉摯的新命。於是劉摯與張璪均不動，而蘇軾於二十八日改調揚州。❽二月辛酉（初八日），以少府監晏知止接穎州。❾蘇軾結束了在穎州「一味適其自得」的日子，原希望能到越州去，結果卻是被調到了揚州。或者他也把揚州列為期望之一，所以在謝表中說了「復有維揚之請」的話了！

三、煙花三月下揚州

蘇軾初接揚州任命，是頗為喜悅的，他在給林子中的信裏說：

某被命維揚，差復相近，頗以為喜。❿

---

❽ 見《續資治通鑑長編》卷469。
❾ 見《續資治通鑑長編》卷470。
❿ 《全宋文》蘇軾卷55〈與林子中〉。林子中即林希（1035--1101）：據《長編拾補卷16。17》元符三年十月巳卯由通議大夫知大名府降端明殿學士知揚州；十一月巳丑落端明殿學士依舊大中大夫知揚州。建中靖國元年二月甲寅右司諫陳祐攻之，再貶舒州。十二月巳卯通議大夫林希追復資政殿學士。知林希卒於建中靖國二年十二月前。案：林希於元祐六年二月代蘇軾知杭州（《北宋經撫年表》卷四）至七年十月始召入朝為禮部侍郎，八年三月出知亳州。（《長編》卷478）。

・此生定向江湖老——東坡的揚州心情・

當然,「頗以為喜」的另一個原因是離林子中的任所杭州比較近。於是,蘇軾踏上赴任之路:由潁州出發,順潁水東南行,再轉東北,於三月三日上巳日抵達濠洲懷遠縣。57歲的蘇軾帶著23歲的次子蘇迨和21歲的三子蘇過,同遊懷遠縣西南的塗山、荊山。寫了一首詩:

> 此生終安歸,還軫天下半。竭來乘槔廟,復作微禹歎。
> 從祀及彼呱,像設偶此粲。秦祖當侑坐,夏郊亦薦祼。
> 可憐淮海人,尚記弧矢旦。荊山碧相照,楚水清可亂。
> 刖人有餘坑,美石肖溫瓚。龜泉木杪出,牛乳石池漫。
> 小兒強好古,侍史笑流汗。歸時蝙蝠飛,炬火記遠岸。㉑

蘇軾曾於熙寧四年(公元1071年)通判杭州,也曾經遊過這兩地,到這時已經是22年了。塗山是禹的夫人塗山氏的故鄉,因此山上有塗山氏神像,有禹的廟,有啓的廟,有鯀的廟,這讓蘇軾心中充滿了懷古的情懷。荊山山下有當年卞和採玉的遺坑,卞和為了獻玉璞,左足被不能識貨的楚厲王(757B.C--741BC)砍斷了,右腳又被同樣不識貨的楚武王(740BC-690BC)砍斷了,到了楚文王即位(689BC-),㉒卞和抱玉璞哭於荊山中,文王使人治璞,得玉,名曰「和氏之璧」。蘇軾到了塗山,見到塗山

㉑ 《蘇軾詩集》卷35〈上巳日與二子迨過遊塗山荊山記所見〉。
㉒ 劉向《新序》作「共王」,今案武王後為文王,文王後經二傳始至共王,共王即位於590BC,卞和不可能如此長壽。應是文王之誤。

氏的神像,參謁了禹廟,看了啓廟和鯀廟,想起夏禹治水的勞績,而當年幫助禹治水的大費,因功被舜賜姓嬴,遂成嬴秦祖先,其後嬴政竟能滅六國統一天下。到了荊山,想到卞和的執著,終於能證明自己的智慧,而世間有多少帝王能像楚文王一樣,給臣民以應有的信任,遂令許多的「和氏璧」湮沒無聞。蘇軾的詩意在言外,而起筆「此生終安歸」一問,尤其於直率中隱藏許多波浪,幽心遠情,耐人咀嚼!

　　三月十二日抵泗州,以淮水東西連歲不熟,雨澤愆期,於是去「大聖普照王之塔」祈雨,作〈祈雨僧伽塔祝文〉。當時晁補之(1053--1110)正擔任揚州通判,寄詩表示歡迎的熱誠:

> 去年使君道廣陵,吾州空市看雙旌;今年吾州歡一口,使君來爲廣陵守。麥如櫛髮稻立錐,使君憂民如己飢;似聞維舟禱靈塔,如絲氣上淮西脽。隨軒高澤人所待,風伯何知亦前戒;虎頭未用沉滄江,龍尾先看掛清海。爲霖功業在傅巖,如何白首擁彤幨。世上讒夫亂紅紫,天教仁政滿東南。青袍門人老州佐,干世無成志消墮。封章去國人恨公,醉笑從公神許我。瓊花芍藥豈易逢,如淮之酒良不空。一釂孤鴻煙雨曲,平山堂上快哉風![23]

---

[23] 《全宋詩》卷1131晁補之第11〈東坡先生移守廣陵,以詩往迎。先生以淮南旱,書中教虎頭祈雨法,始走諸祠,即得甘澤,因爲賀〉。

「平山堂」是歐陽修於慶曆八年（1048）知揚州時所建，「壯麗爲淮南第一，堂據蜀岡，下臨江南數百里，眞、潤、金陵三州，隱隱若可見」「在州城西北大明寺側，負堂而望，諸山拱列簷下，故名。」㉔

晁補之，字无咎，濟州鉅野人。十七歲時，父親晁端友在杭州新城擔任縣令，補之隨父在新城，著〈七述〉，寫錢塘山川風物之美，持以謁時爲杭州通判的蘇軾。蘇軾原先也想有所賦，讀了晁補之的賦後，讚歎說：「吾可以擱筆矣。」而此時補之四十歲，成爲蘇軾的副手，故詩中對蘇軾一片崇敬之意，對蘇軾的不被重用尤其不平，也希望蘇軾能喜歡揚州的瓊花、芍藥，更高興自己可以陪蘇軾在「平山堂」上痛飲。蘇軾隨即次韻和了一首：

少年獨識晁新城，閉門卻掃卷旆旌。胸中自有談天口，坐卻秦軍發墨守。有子不爲謀置錐，虹霓吞吐忘寒飢。端如太守牛馬走，嚴徐不敢連尻脽。徘徊未用疑相待，枉尺知君有家戒。避人聊復去瀛洲，伴我眞能老淮海。夢中仇池千仞巖，便欲覽我青霞幨。且須還家與婦計，我本歸路連西南。老來飲酒無人佐，獨看紅藥傾白墮。每到平山憶醉翁，懸知他日君思我。路旁小兒笑相逢，

㉔ 分見《避暑錄話》、《輿地紀勝》。

> 齊歌萬事轉頭空。賴有風流賢別駕，猶堪十里卷春風。㉕

詩中對晁氏父子多所稱道，於晁補之對自己的美意，表示感念。但最值得注意的是，蘇軾特別提出「路旁小兒笑相逢」，而一起唱的竟是「萬事轉頭空」的句子！「萬事轉頭空」，說起來這已是十四年前（元豐二年1079）蘇軾的詞句了，那年三月，蘇軾由徐州調湖州，三月中到了揚州，訪好友知州鮮于侁（1019－1087），同張大亨遊「平山堂」，作了一闋〈西江月〉詞：

> 三過平山堂下，半生彈指聲中。十年不見老仙翁。壁上龍蛇飛動。　欲弔文章太守，仍歌楊柳春風。休言萬事轉頭空。未轉頭時皆夢。

據說，當時鮮于侁在「平山堂」設宴，蘇軾當眾揮毫寫詞，「紅妝成輪，名士堵立，看其落筆、置筆，目送萬里，殆欲仙去爾。」㉖那時的蘇軾才四十四歲，剛在徐州有傑出的表現，尚未「轉頭」，而仍在夢中，因此說「休言」「萬事轉頭空」，卻怎麼也沒料到，此詞寫完不到四個月，他就在湖州官衙被逮捕下大獄，坐了百餘天的牢，再被貶黃州五年。此番重到揚州，擔任揚州地方主官，當年的主人好友鮮于侁已逝去五年，「轉頭」回首，感慨系之，也難怪會有「小兒齊唱」「萬事轉頭空」的自嘲了！蘇軾，是帶著這樣的心境向揚州進發的。

㉕ 《蘇軾詩集》卷35〈次韻晁无咎學士相迎〉。
㉖ 《蘇文忠公詩編注集成總案》卷18。

蘇軾一大早從泗州上淮水東北行，這已是第十次經過這裡了，「此生定向江湖老」（卷35〈淮上早發〉），東坡心中暗想。到了楚州，轉大運河南下，三月二十六日，蘇軾到了揚州。

蘇軾自離潁州，路經壽州、濠州、泗州、楚州間，經常支開隨從官吏，親入村落，訪民疾苦，發現很多百姓都為積欠的賦稅所壓迫，困憊特甚；而所至城邑，多有流民，又以麥熟，舉催積欠，不敢歸鄉。乃歎曰：「苛政猛於虎。昔嘗不信其言，以今觀之，水旱殺人百倍於虎，而人畏催欠，乃甚於水旱。」到了揚州，蘇軾就上疏極論百姓積欠之事。㉗

四、半載豈期成一夢

蘇軾既到任，循例給皇帝上表。〈揚州謝到任表〉兩道，第二表純是例行文書，第一表則極有用意，他說：

> 支郡養病，裁能免咎；通都移牧，自愧何功。屢玷恩榮，實深慚汗。……伏念臣早緣竊祿，稍習治民。在先帝朝已歷三州；近八年間，復忝四郡。平生所願，滿足無餘。志大才疏，信天命而自遂；人微地眾，恃聖眷以少安。恭維太皇太后陛下，子惠萬民，器使多士。以謂朝廷之德澤，付於郡縣與監司。乃眷江淮之間，久罹水旱之苦。

㉗ 《全宋文》卷1879蘇軾之31〈論積欠六事〉。按此狀五月十六日上。蘇軾到任表稱在三月二十六日到任。〈總案〉卷35以為應作十六日。

> 鄰封二浙，饑疫相薰；積欠十年，豐凶皆病。臣敢不上推仁聖之意，下盡疲駑之心，庶復流亡，少寬憂軫。㉘

竟把一路上所看到的百姓窘困，直言無諱的說出來。王文誥說：「此表自恭維以下，竟入一段積欠文字。愛君從愛民發出，雖是奇文，實乃心中只有一誠字在。若咬文嚼字，終日說誠，此誠之糟粕耳。」㉙說的極好！

蘇軾初到揚州，或因旅途勞頓而感疲倦，閉門謝客。只有毛漸正仲者，送了茶葉來，蘇軾也未曾面謝；直到端午，才與僚友在石塔寺小集，寫了一首詩表示謝意，詩說：

> 我生亦何須，一飽萬想滅。胡為設方丈，養此膚寸舌。
> 爾來又衰病，過午食則噎。謬為淮海帥，每愧廚傳缺。
> 爨無欲清人，奉使免內熱。空煩赤泥印，遠致紫玉玦。
> 為君伐羔豚，歌舞菰黍節。禪窗麗午景，蜀井出冰雪。
> 坐客皆可人，鼎器手自潔。金釵候湯眼，魚蟹亦應訣。
> 遂令色香味，一日備三絕。報君不虛受，知我非輕啜。㉚

詩的頭兩句就顯示了東坡當時的非常心境，人生只須一飽，他復何求！「衰病」或正因「倦」，旅途的勞頓固然是一個原因，

㉘　《蘇軾文集》卷24。
㉙　《蘇文忠詩注集成總案》卷35。
㉚　《蘇軾詩集》卷35〈到官病倦，未嘗會客。毛正仲惠茶，乃以端午小集石塔，戲作一詩為謝〉。

更讓蘇軾感到「倦」的，似乎是「謬爲淮海帥，每愧廚傳缺。」「廚傳」是地方官接待來往使臣的膳食設施。蘇軾曾感嘆揚州地方的重要，絕不減於杭州，但朝廷給揚州知州編的「公使錢」預算，卻比給杭州的少；他說：

> 揚於東南，實爲都會，八路舟車，無不由此。使客雜遝，饋送相望，將迎之費，相繼不絕。每年公使額錢，只與眞、泗等列郡一般，比之楚州，少七百貫。……本州與杭州事體一般，本州當八路口，使客數倍於杭州。杭州公使錢七千貫，而本州止有五千貫，顯是支使不足。㉛

他也說：

> 到揚吏事輕暇，而人事十倍於杭，甚非老拙所堪也。㉜
> 到揚，人事紛紛，坐想清游，可復得哉！㉝

疲於應接人事，眞使已經快六十歲的蘇軾感到「非所堪也」！話雖如此，蘇軾還是以他一貫的處世態度，坦然接受，所以他反用莊子「爨無欲清人，……今吾朝受命而夕飮冰，我其內熱與？」㉞而說「奉使免內熱」了！

以下的詩句就對毛正仲送茶表示謝忱；「紫玉玦」是茶

㉛ 《全宋文》蘇試卷32〈申明揚州公使錢狀〉，是年八月初六日上。
㉜ 《全宋文》蘇軾卷57〈與穀父宣德〉。
㉝ 《全宋文》蘇軾卷60〈與人書〉。
㉞ 《莊子‧人間世》。

的別名。蔡襄（1012－1067）《茶錄》載：「茶色貴白，而餅茶則以珍膏油其面，有青黃紫黑之異。」茶好，煮茶的水是揚州蜀岡最宜茶的井水，加上「坐客皆可人」－人好，又有侍女一旁服侍茶湯，「魚蟹」是指水沸時的水泡由小而大，就像蟹眼與魚眼一般。蘇軾〈試院煎茶〉詩：「蟹眼已過魚眼生」。如此掌握火候，煮出來的茶就具備了「色、香、味」三絕。結處說明自己是非常慎重的品嘗毛正仲所送的茶，以申明對毛正仲送茶的謝忱。

蘇軾到揚州不久，得到兩塊石頭，特地寫了〈雙石〉詩，詩前敘文說：

> 至揚州，獲二石。其一綠色，岡巒迤邐，有穴達於背。其一，正白可鑑，漬以盆水，置几案間。忽憶在穎州日，夢人請住一官府，榜曰「仇池」。覺而誦杜子美詩曰：「萬古仇池穴，潛通小有天。」乃戲作小詩，為僚友一笑。

詩云：

> 夢時良是覺時非，汲水埋盆故自癡。
> 但見玉峰橫太白，便從鳥道絕峨嵋。
> 秋風與作煙雲意，曉日令涵草木姿。
> 一點空明是何處，老人真欲住仇池。

杜甫的詩是〈秦州雜詩〉二十首的第十四首。全詩是：「萬古

仇池穴，潛通小有天。神魚今不見，福地語眞傳。近接西南境，長懷十九泉。何當一茅屋，送老白雲邊。」楊倫注引《水經注》：「仇池絕壁，峭峙孤險，其高二十餘里，羊腸蟠道三十六迴。」㉟東坡因獲二石而回想起在穎州夢中住進「仇池」，夢醒後又想起杜甫的詩句，於是寫詩與同僚分享。詩的結句也正是杜詩的意思，東坡是眞的要離群索居了。

揚州「石塔寺」，傳有「飯後鐘」的故事。據王定保《唐摭言》卷七載：

> 王播少孤貧，嘗客揚州惠昭寺木蘭院，隨僧齋飧。諸僧厭怠。播至，已飯矣。後二紀，播自重位出鎮是邦，因訪舊遊，向之題已皆碧紗幕其上。播繼以二絕句曰：「上堂才了各西東，慚愧闍黎飯後鐘。二十年來塵撲面，而今始得碧沙龍。」㊱

蘇軾於端午日曾遊石塔寺，八月初再遊「石塔寺」，有感於王播事而作「石塔寺」詩。詩序說：「世傳王播〈飯後鐘〉詩，蓋揚州石塔寺事也。相傳如此，戲作此詩。」詩則爲：

> 饑眼眩東西，詩腸忘早晏。雖知燈是火，不悟鐘非飯。山僧異漂母，但可供一莞。何爲二十年，記憶作此訕。

㉟ 見《杜詩鏡詮》卷6。
㊱ 案「飯後鐘」事，王讜《唐語林》及孫光憲《北夢瑣言》俱以爲係段文昌事。

齋廚養若人，無益祇貽患。乃知飯後鐘，闍黎蓋具眼。

此詩以反諷手法，將僧侶與給韓信飯吃的漂母作對比，諷刺寺僧現實勢力的「具眼」，令人莞爾。世間類似韓信、王播之遭遇者固車載斗量，但能如韓信以千金報漂母一飯或王播寫〈飯後鐘〉詩嘲弄山僧者卻絕不多，而東坡以為王播大可不必為二十年前的遭遇耿耿於懷，頂多把他當個笑話看罷了。呵！一般人哪有像東坡的豁達胸襟呢！

遊罷「石塔寺」，當月，東坡被召回朝廷擔任兵部尚書。

五、便和陶詩寫情衷

蘇軾在揚州任官的時間既短，因此所作詩篇不多，而最應該注意的是他開始寫「和陶詩」。蘇軾最終是把陶淵明的百餘首詩都和了，確實是一個創舉，蘇軾在揚州寫了二十首〈和陶飲酒〉，敘文說：

> 吾飲酒至少，常以把盞為樂。往往頹然坐睡，人見其醉，而吾中了然，蓋莫能名其為醉為醒也。在揚州，飲酒過午，輒罷。客去，解衣盤礡，終日歡不足而適有餘。因和淵明〈飲酒〉二十首，庶以彷彿其不可名者，示舍弟子由、晁無咎學士。

案陶淵明寫飲酒詩是在他辭官歸耕以後的事，有序云：

> 余閒居寡歡，兼比夜已長，偶有名酒，無夕不飲，顧影獨盡，忽焉復醉；既醉之後，輒題數句自娛，紙墨遂多，辭無詮次，聊命故人書之，以為歡笑爾。

可見陶淵明是因為歸隱後「閒居寡歡」，獨飲名酒紓解拂鬱，醉後題詩以自得其歡笑。東坡則身居方面，與賓客聚飲，賓客散後，自適為樂。淵明或能暫得歡笑以解閒居寡歡，東坡則雖「歡不足」而「適有餘」，二人感受不一，但心情實同。東坡所謂「歡」與「適」，蓋用白居易〈詠懷〉詩：「先務身安閒，次要心歡適」之意。㊲故「歡」「適」二字分而言之則皆有喜樂之意，合而用之，揆白詩及蘇序之意，「適」則尤重心靈的安便自得。東坡酒後解衣盤礡，雖能安便自得，然歡樂猶感不足，其心境之難以全然平和亦可知矣，故和陶飲酒詩，亦如陶淵明之寄託心志「以為歡笑」也。東坡的第一首詩說：

> 我不如陶生，世事纏綿之。云何得一適，亦有如生時。
> 寸田無荊棘，佳處正在茲。縱心與事往，所遇無復疑。
> 偶得酒中趣，空杯亦常持。

自己與陶淵明所處地位不同，所以亦能「得一適」者，即因

㊲ 唐代詩人用「歡適」一詞者僅白居易此例。宋代則前有梅堯臣四例。唐宋詞中「歡適」一詞最早見於黃庭堅〈醉落魄〉詞，考其時間，約是五十五歲時作。亦在東坡之後。凡檢索部分皆據元智大學羅鳳珠教授所研發之系統。

自己心中純淨無染,沒有荊棘,因此能「縱心所欲」。此不僅說明東坡胸襟之開朗,亦說明其涵養之深厚,所以能達到聖人的境地。

前文曾提到,東坡自請移揚州時,自稱「蓋以魚鳥之姿,老於江湖之間」,表明其「質性自然」,〈和陶飲酒〉第八首說:

> 我坐華堂上,不改麋鹿姿。時來蜀岡頭,喜見霜松枝。心知百尺底,已結千歲奇。煌煌凌霄花,纏繞復何為。舉觴酹其根,無事莫相羈。

這種「不改麋鹿姿」的堅持與對「煌煌凌霄花」無事相纏繞的不平,意在言表。東坡以麋鹿自比,以經霜之松自比,堅持自然與如松的節操。王文誥以為:「此章詩旨,謂不久還山,決意不復更入,群小無相猜也。」是也。這首詩的涵義應該最可以表白東坡在揚州時的心境。然後第二十首說:

> 蓋公偶談道,齊相獨識真。頹然不事事,客至先飲醇。當時劉項輩,四海瘡痍新。三杯洗戰國,一斗消強秦。寂寞千載後,陽公嗣前塵。醉臥客懷中,言笑徒多勤。我時閱舊史,獨與三人親。未暇餐多粟,苦心學平津。草書亦何用,醉墨淋衣巾。一揮三十幅,持去驚座人。

此詩譏刺世間如平津侯公孫弘之苦心固位,雖生活儉樸卻無益治道,致有「公孫布被」之譏。不如曹參、陽城之以清淨為治。

東坡蓋亦有感而發也。

　二十首和陶詩，無非借飲酒以澆塊壘，由東坡一般的詩語，已可以約略看出他寫詩時候的心境：

> 未來寧早計，既往復何言。（第五首）
> 人間本兒戲，顛倒略相似。（第十二首）
> 乞身當念早，過是惡少味。（第十四首）
> 行樂當及時，綠髮不可恃。（第十九首）

而第十五十六兩首所表現的恬退自然、平淡平實的情韻，尤能看出東坡當時的心情：

> 去鄉三十年，風雨荒舊宅。惟存一束書，寄食無定跡。
> 每用淵明愧，尚取禾三百。頎然六男子，粗可傳清白。
> 於吾豈不多，何事復嘆息。
> 諗諗六男子，絃誦各一經。復生五丈夫，戢戢丁欲成。
> 歸田了門戶，與國充踐更。普兒初學語，玉骨開天庭。
> 淮老如鶴雛，破殼已長鳴。舉酒屬千里，一歡愧凡情。㊳

詩中充滿對清白傳家與平凡生活的滿足與嚮往，這應該是蘇軾在揚州心情的最具體表白了。

　　　　　　　　　　　壬午年驚蟄即2002年3月6日
　　　　　　　　　　　陳捷先教授七十嵩壽論文集
　　　　　　　　　　　（遠流出版社2002年7月1日）

㊳　查初白注：「普兒、淮老，先生二孫名。」

·東坡的心靈世界·

明月幾時有

——東坡的明月情懷

一、前　言

當我寫東坡的「幽獨情懷」時，第二節用了「徬徨明月照無眠」的標題，其中一小段是這麼說的：

> 蘇洵父子三人是嘉祐元年（公元1056年）五月抵達汴京的，「時京師自五月大雨不止，水冒安上門關，折壞官司廬舍數萬區，城中繫筏渡人。」❶水患至七月尚未平復。蘇軾目睹水災之慘象，京師已成「江湖鄉」，然宮廷大內前州橋夜市，卻依然燈火煌煌，形成強烈對比。事隔三年，牛口見月，聯想起汪洋京國的皎潔新月，心中倍感淒涼。此後，讓東坡經常對月而無眠的，就是這種多情多感的「幽懷」，無論他是用什麼樣的「題目」來「虛晃一招」。最有名的詞作之一〈念奴嬌、明月幾時有〉，

---

❶ 見《續資治通鑑長編》卷182。

就是藉中秋望月懷念弟弟子由為題，抒發他心中這種憂國愛民的「幽懷」。詞作於「丙辰中秋」，「丙辰」是宋神宗熙寧九年（公元1076年），東坡由杭州通判調任密州（今山東高密）知州已經一年九個月，而離開朝廷也五年了。當初從繁華富庶的杭州調到偏遠貧乏的密州時，東坡面對的是「歲比不登，盜賊滿野，獄訟充斥，而齋廚索然」❷的困境，他到密州過的第一個上元節，「明月如霜」的優美旋律已然出現，也深刻的反映出了他深心的「幽懷」。

歷來對〈念奴嬌〉這闋詞首句「明月幾時有」的註釋，都認為是用李白〈把酒問月〉一詩的頭兩句「青天有月來幾時？我今停杯一問之」而來的。李白的詩第三句說「人攀明月不可得」，確實也說的是「明月」，李白的詩是因為朋友賈淳「令予問之」而作的，詩的第十一到十四句說「今人不見古時月，今月曾經照古人。古人今人若流水，共看明月皆如此。」「共看明月」也就是蘇軾「千里共嬋娟」的意思。在李白之前，張若虛的名作〈春江花月夜〉詩中就有「江畔何人初見月？江月何人初照人？人生代代無窮已，江月年年只相似」的句子，「人生代代」與「江月年年」未必能有共同的交集點，所以張若虛的感情基調是悲涼的，而李白的「共看明月」又是從南朝宋人謝莊〈月

---

❷ 語見〈超然臺記〉。

賦〉中的「美人邁兮音塵絕,隔千里兮共明月」來的。東坡承此傳統,不僅僅是希望自己與弟弟子由能「人長久」並「共嬋娟」,也希望世間所有的「人」都能「隔千里兮共明月」。然而,對著明月卻令人無眠,東坡的寄託應該是遠遠超過了謝莊、張若虛、李白諸人的感慨的。

二、永夜月同孤

因明月而興懷而無眠,李白在樂府古題〈長相思〉詩的起兩句就說「日色欲盡花含煙,月明如素愁不眠。」但這首詩卻是代戍守邊境軍士的妻婦所作,當時李白才二十九歲❸。另在〈寄遠〉詩十一首的第八首中說:「碧窗紛紛下落花,清樓寂寂空明月。」則是代妻子寫給自己的。當時李白三十一歲,在長安❹。「青樓寂寂」當然也說的是「無眠」。除此以外,李白兩百多首含有「月」的詩,都與「無眠」無涉。至於杜甫,在他的兩千多首詩中,晚年作的〈江漢〉一詩,有「永夜月同孤」的話,是可以解釋成明月陪伴自己「無眠」的。杜甫於唐代宗大曆四年(公元769年)初,自岳陽檥舟南行,九月至潭州(長沙),滯留至次年底,竟死在潭州❺。他寫〈江漢〉詩時,心中是充滿家國之憂與羈旅之懷的,所以才有「片雲天共遠,永

---

❸ 參安旗主編、「巴蜀書社」出版《李白全集編年注釋》開元十七年。
❹ 同❸開元十七年。
❺ 參傅璇琮主編、「遼海出版社」出版《唐五代文學編年史、中唐卷》。

夜月同孤」的孤寂與「乾坤一腐儒」、「落日心猶壯，秋風病欲蘇」的無奈。杜甫一生忠君愛國，這一句「永夜月同孤」與結處「古來存老馬」合讀，可以看出他報國無由的孤寂。❻這一年杜甫五十八歲，〈江漢〉詩正是他死前一年的作品。

兩百九十年後，也就是宋仁宗嘉祐四年（公元1059年）初冬，蘇軾在守滿了母親程太夫人的喪期後，與弟弟蘇轍陪父親蘇洵離開四川眉山再到京師去。十月初，從眉山至嘉州，由嘉州順岷江東南行，經犍為，過宜賓，夜泊「牛口渚」，本已掩窗入睡，卻因月光遠遠的從天邊照射進艙房來，竟使東坡無法成眠，遂披衣而起，俯仰四顧，見天邊明月而回憶起三年前在京師見新月的心情，頓時倍感悽涼，於是寫下了〈牛口見月〉詩：

> 掩窗寂已睡，月腳垂孤光。披衣起周覽，飛露灑我裳。
> 山川同一色，浩若涉大荒。幽懷耿不寐，四顧獨徬徨。
> 忽憶丙申年，京邑大雨滂。蔡河中夜決，橫浸國南方。
> 車馬無復見，紛紛操筏郎。新秋忽已晴，九陌尚汪洋。
> 龍津觀夜市，燈火亦煌煌。新月皎如畫，疏星弄寒芒。
> 不知京國喧，謂是江湖鄉。今來牛口渚，見月重悽涼。
> 卻思舊遊處，滿陌沙塵黃。

丙申年是嘉祐元年（公元1056年）。案《宋史‧河渠志一》嘉祐

---

❻ 〈江漢〉詩：「江漢思歸客，乾坤一腐儒。片雲共天遠，永夜月同孤。落日心猶壯，秋風病欲蘇。古來存老馬，不必取長途。」

元年載：

> 四月壬子朔，塞商胡北流，入六塔河，不能容，是夕復決，溺兵夫、漂芻藁不可勝計。

又《宋史、仁宗本紀四》嘉祐元年載：

> 夏四月壬子朔，六塔河復決。……，是月，大雨，水注安上門，門關折，壞官司廬舍數萬區。諸路言江河決溢，河北尤甚。六月乙亥，雨壞太社、太稷壇。

「商胡」是「埽」（堤防）名，在澶州（今河北省）。黃河在商胡埽潰堤，又連月大雨，遂使貫穿京師的蔡河因而決堤，造成極大的災患。六月乙亥是六月二十五日，所以東坡詩中說，一直到七月初秋才放晴，當時京師的大道還是一片汪洋，但是皇宮前州橋的夜市卻燈火輝煌。月明星稀，表面的喧嘩熱鬧，卻掩不住水淹京師幾乎成爲水鄉澤國的事實。如今船泊牛口，面對天際的明月，想起當年在京師遊賞過的地方，勢必已被黃黃的沙塵所掩蓋吧！東坡「見月重悽涼」的情衷，又豈只是京師被大水淹沒過後一層厚厚黃黃的土塵而已。東坡於嘉祐元年五月到達京師，當時京師已遭水災；八月參加進士資格複試通過，❼次年正月再參加禮部會試，獲主考官知貢舉歐陽修的激賞，

---

❼ 據《蘇文忠公詩編注集成總案》卷一嘉祐元年載，東坡於八月舉進士於京師，眉山舉者45人，通過者13人，東坡名在第二。

名列第二,又試春秋對議,獲第一名。三月八日,仁宗親自命題殿試,❽十四日放榜,賜進士及第。四月八日,母程夫人卒於眉州家中,五月訃至京師,父子三人倉惶離京返里。計東坡在京師正有一年時間,期間自有遊觀機會,故有「卻思舊遊處」之語。京師城南大水氾濫、百姓流離的情狀,與宮前夜市燈火輝煌極為喧鬧的對比,對遠從四川鄉下來的東坡而言,衝擊當然很大,但當時似乎也只能有對月而感淒涼的反應。

三、新月如佳人,夜涼人未寢

東坡在京師大水災時看到「新月皎如畫」時的心情,在他再次到京師的途中、經過牛口時因見到明月而表露無遺。而「明月」在東坡深心中的地位是很突出的,在「牛口見月」詩中蘇軾作了第一次表白。神宗熙寧五年(公元1072年)七月中,蘇軾夜宿杭州西湖湖畔的「望湖樓」,寫下了這麼一首詩:

> 新月如佳人,出海初弄色。娟娟到湖上,瀲瀲搖空碧。
> 夜涼人未寢,山靜聞響屐。騷人故多感,悲秋更惝恍。
> 君胡不相就,朱墨分勘赤。我行得所嗜,十日忘家宅。
> 但恨無友生,詩病莫訶詰。君來試吟詠,定作鶴頭側。
> 改罷心愈疑,滿紙蛟蛇黑。❾

---

❽ 試題三道:民監賦,鸞刀詩,重申巽命論。
❾ 《蘇軾詩集》七〈宿望湖樓再和〉。案:係和呂仲甫者。呂仲甫,字穆仲,河南人,時任杭州觀察推官。

這首詩是「再和」呂仲甫的詩,東坡遊罷天目山的東峰徑山後回到杭州,在途中接到呂仲甫的詩,呂詩雖已不傳,但從東坡第一首和詩中,我們可以略窺呂仲甫的為人❿。呂仲甫是宋初名宰相呂蒙正(公元946—1011年)的孫兒,自然是貴公子了。才36歲出仕未久的東坡,卻已經說自己是「寵辱久已忘」了。這首再和的詩,第九句以後還是希望呂仲甫能來湖上同遊,而前八句依然是在抒發個人的心境的。東坡雖然性情開朗,卻也是個怕寂寞的人,尤其是在面對好山好水,又有如佳人的明月時,就會有「念無與為樂者」的落寞,所以他曾經說過「江山豈不好,獨遊情易闌,但有相攜人,何必素所歡」的話。⓫

新月可以如佳人,而佳人是不易得的。佳人可以指知心的朋友如呂仲甫,而東坡一生最好的朋友,不是別人,正是他的弟弟蘇轍,⓬因此,見明月而懷子由,也就是必然的。元豐

---

❿ 〈自徑山回,得呂察推詩,用其韻招之,宿湖上〉:「多君貴公子,愛山如愛色。心隨葉舟去,夢繞千山碧。新詩到中路,令我喜折屐。古來軒冕徒,操舍兩悲懍。數朝辭簪笏,兩腳得暫赤。歸來不入府,卻走湖上宅。寵辱吾久忘,寧畏長官詰。飄然便歸去,誰在子思側。君能從我遊,出郭未及黑。」(《蘇軾詩集七》)。

⓫ 見《蘇軾詩集七》〈甘露寺〉詩。東坡在黃州時所作〈記承天夜遊〉中云:「解衣欲睡,月色入戶,欣然起行。念無與為樂者,遂至承天寺尋張懷民。」亦是如此情懷。

⓬ 〈送李公擇〉:「嗟予寡兄弟,四海一子由。」《蘇軾詩集十六》,又〈送晁美叔發運右司年兄赴闕〉:「我年二十無朋儔,當年四海一子由。」《蘇軾詩集三十五》。

· 117 ·

元年（公元1078年）的中秋，蘇軾在徐州過節，思念在南京（河南商丘）的子由，寫了三首〈中秋月〉詩寄給子由：

> 殷勤去年月，激灩古城東。憔悴去年人，臥病破窗中。
> 徘徊巧相覓，窈窕穿房攏。月豈知我病？但見歌樓空。
> 撫枕三嘆息，扶杖起相從。天風不相哀，吹我落瓊宮。
> 白露入肺肝，夜吟如秋蟲。坐令太白豪，化爲東野窮。
> 餘年知幾何？佳月豈屢逢！寒魚亦不睡，竟夕相喰喁。

這一首說自己臥病憔悴，想起去年與子由共度中秋，如今卻只能整夜看著魚群在水中相响，因而感嘆來日不知能有多少，又能看到幾次「佳月」。詩意頗爲傷感。第二首詩說：

> 六年逢此月，五年照離別。歌君別時曲，滿座爲悽咽。
> 留都信繁麗，此會豈輕擲。鎔銀百頃湖，掛鏡千尋闕。
> 三更歌吹罷，人影亂清樾。歸來北堂下，寒光翻露葉。
> 喚酒與婦飲，念我向兒說。豈知衰病後，空盞對梨栗。
> 但見古河東，蕎麥花舖雪。欲和去年曲，復恐心斷絕。

前四句感嘆在六年中秋夜，兄弟兩人只有去年一次在一起賞月。去年分別時唱著子由所作的歌曲，全座的人都感動得悲淒哽咽。其次設想子由一家團圓過節享受天倫之樂時，也一定會想到自己，卻怎知道自己病後只能看著被明月照得雪白的蕎麥，想和一首去年子由作的詞，卻怕自己會悲傷不已。

按前一年東坡兄弟二人在徐州共度中秋，分別作了一闋

〈水調歌頭〉，寄託即將分別的依依之情。蘇轍的詞是：

> 離別一何久，七度過中秋。去年東武今夕，明月不勝愁。豈意彭城山下，同泛清河古汴，船上載涼州。鼓吹助清賞，鴻雁起汀州。　坐中客，翠羽帔，紫綺裘。素娥無賴，西去曾不為人留。今夜清尊對客，明夜孤帆水驛，依舊照離憂。但恐同王粲，相對永登樓。

東坡和詞有敘說：

> 予去歲在東武（案：即密州），作〈水調歌頭〉（案：即「明月幾時有」闋）以寄子由。今年，子由相從彭門（案即徐州）百餘日，過中秋而去，作此曲以別余。以其語過悲，乃為和之。其意以不早退為戒，以退而相從之樂為慰云耳。

詞則是這麼寫的：

> 安石在東海，從事鬢驚秋。中年親友難別，絲竹緩離愁。一旦功成名遂，準擬東還海道，扶病入西州。雅志困軒冕，遺恨寄滄洲。　歲云暮，需早計，要褐裘。故鄉歸去千里，佳處輒遲留。我醉歌時君和，醉倒須君扶我，惟酒可忘憂。一任劉玄德，相對臥高樓。

子由的詞既然悲傷而令人不忍，因此東坡詞上片隱括謝安的生平：謝安四十餘歲始出仕，位極人臣，「欲須經略粗定，自江

道東還。雅志未就，遂遇疾篤。尋薨，時年六十六。」❸東坡的詞意以為應以謝安的晚退為戒，希望兄弟都能及早退隱，不必要待功成名就。此時東坡四十三歲，子由四十歲，正是謝安出仕之年，卻已是相約早退了。第三首詩說：

> 舒子在汶上，閉門相對清。鄭子向河朔，孤舟連夜行。
> 頓子雖咫尺，兀如在牢扃。趙子寄書來，水調有餘聲。
> 悠哉四子心，共此千里明。明月不解老，良辰難合并。
> 回頭坐上人，聚散如流萍。嘗聞此宵月，萬里同陰晴。
> 天公自著意，此會那可輕。明年各相望，俯仰今古情。

舒子是舒姚文，當時任徐州教授。鄭子是鄭僅，彭城人，當時赴大名府任冠氏令。頓子是頓起，當時到徐州試舉人。趙子是趙杲卿，在密州，而子由在南京，自己在彭城，六人各在不同地方，只有希望「共此千里明」了。東坡既感嘆中秋明月難得，卻也不忘上天的美意，使中秋夜能「萬里同陰晴」，希望明年彼此仍然能夠共此明月，也正是「但願人長久，千里共嬋娟」的意思。

當時，蘇轍另有〈中秋見月寄子瞻〉一詩：

> 西風吹暑天益高，明月耿耿分秋毫。彭城閉門清嶂合，
> 臥聽百步鳴飛濤。使君攜客登燕子，月色著人冷如水。

---

❸ 見《晉書》卷79本傳。

> 筵前不設鼓與鐘，處處笛聲相應起。浮雲卷盡流金丸，戲馬臺西山鬱蟠。杯中淥酒一時盡，衣上白露三更寒。扁舟明日浮古汴，回首逡巡陵谷變。河吞巨野入長淮，城沒黃流只三版。明年築城城似山，伐木為堤堤更堅。黃樓未成河已退，空有遺蹟令人看。城頭見月應更好，河流深處今生草。子孫幸免魚鱉食，歌舞聊寬使君老。南都從事老更貧，羞見青天月照人。飛鶴投籠不能出，曾是彭城坐中客。❹

這首詩懷念起自己在彭城（即徐州）與東坡共度中秋的情狀。詩中提到「明月耿耿」時，東坡帶著朋友登上「燕子樓」賞月。當時只有笛聲繚繞，而「月色著人冷如水」。子由在八月十六離開徐州，二十一日黃河洪水已經流到徐州，東坡率軍民防洪，並修築外城、建黃樓。如今想像東坡在黃樓上看月，月色應當更好，而徐州百姓也會以歌舞表示對東坡的感謝。最後四句慨歎自己如「飛鶴投籠」，有志難申，而覺羞對天上明月。

東坡收到詩後，也和了一首：

> 明月未出群山高，瑞光萬丈生白毫。一杯未盡銀闕涌，亂雲脫壞如崩濤。誰為天公洗眸子，應費明河千斛水。遂令冷看世間人，照我湛然心不起。西南火星如彈丸，角尾奕奕蒼龍蟠。今宵注眼看不見，更許螢火爭清寒。

---

❹ 見《全宋詩》卷856蘇轍8。

何人犧舟臨古汴，千燈夜作魚龍變。曲折無心逐浪花，低昂赴節隨歌版。青熒滅沒轉山前，浪颭風回豈復堅。明月易低人易散，歸來呼酒更重看。堂前月色愈清好，咽咽寒螿鳴秋草。捲簾推戶寂無人，窗下咿啞惟楚老。❺南都從事莫羞貧，對月題詩有幾人，明朝人事隨日出，恍然一夢瑤臺客。

人之聚散隨明月之流轉，當明月西沉時，賞月人亦分別離散。且人間情事隨日發生，誰能預料？夢裏身在月宮作客，夢醒後必是悵然若有所失。這也正是他在〈水調歌頭〉詞中所說「人有悲歡離合，月有陰晴圓缺，此事古難全」的意思。而能「對月題詩」如自己兄弟二人之有情義者，世間也沒幾人，這應是彼此應該感到安慰的事，又何必嘆老嗟貧呢！東坡襟度之豁達，溢於言表。

四、明月入戶尋幽人

東坡有一闋〈卜算子〉詞：

缺月掛疏桐，漏斷人初靜。誰見幽人獨往來，縹渺孤鴻影。　驚起卻回頭，有恨無人省。揀盡寒枝不肯棲，寂

---

❺ 蘇軾長子蘇邁娶石昌言孫女，元豐元年八月十二日生子，蘇軾名曰楚老，即蘇簞。見蘇軾〈與李公擇書〉17之5《蘇軾文集卷51》。

寞沙洲冷。

黃庭堅對這闋詞推崇備至,他說:

> 語意高妙,似非吃煙火食人語。非胸中有萬卷書,筆下無一點塵俗氣,孰能至此。❶⁶

詞中「幽人」一詞,說者多所推敲。案東坡詞中用「幽人」者有三處,〈卜算子〉其一,〈哨遍〉「為米折腰」一詞有「觀草木欣榮,幽人自感」語。〈哨遍〉係東坡檃括陶淵明〈歸去來辭〉而成,「幽人」表面指陶,其實自喻,讀其詞敘可知。❶⁷此二詞皆在黃州時所作。另有〈減字木蘭花〉「雙龍對起」一闋,乃任杭州知州時為西湖詩僧清順而作,詞中「疏影微香,下有幽人晝夢長」之「幽人」,即指清順。〈卜算子〉中的「幽人」所對的是「缺月」,「幽人」的情懷則是「寂寞」的。東坡在黃州時的心境,顯然可知。而檢讀東坡詩,以「幽人」自喻,當始於在徐州時所作〈月夜與客飲杏花下〉:

> 杏花飛簾散餘春,明月入戶尋幽人。褰衣步月踏花影,炯如流水涵青蘋。花間置酒清香發,爭挽長條落香雪。

---

❶⁶ 見《豫章黃先生文集》卷26〈跋東坡樂府〉。

❶⁷ 敘云:「陶淵明賦歸去來,有其詞而無其聲。余既治東坡,築雪堂於上,人俱笑其陋,獨鄱陽董毅夫過而悅之,有卜鄰之意。乃取歸去來辭稍加檃括,使就聲律以遺毅夫,使家僮歌之,時相從於東坡,釋耒而和之,扣牛角而為之節,不亦樂乎!」

山城酒薄不堪飲,勸君且吸杯中月。洞簫聲斷月明中。
惟憂月落酒杯空。明朝捲地春風惡,但見綠葉棲殘紅。

此詩「不使事,古所未有,殆涪翁所謂不食煙火食人之語也。」⑱三四兩句寫月中物影,用筆入神。⑲「清幽超遠,乃姜堯章所謂自然高妙者。」⑳而所以能有如此之境界,實因「明月」與「幽人」之相襯。案東坡於神宗熙甯十年（1077）四月抵徐州任,八月即遇黃河決口,次年修外城、建「黃樓」,至重陽日落成,似無暇有此月下賞花閒情。而再明年三月即元豐二年（1079）三月調知湖州,則此詩應在二、三月間作。東坡四月到湖州任,七月即被以訕謗新政的罪名逮捕入京,十二月底貶黃州,再過年的二月抵貶所。或許只是巧合,二月正是杏花當令的仲春,而東坡在杏花下飲酒賞月時的幽微心境,似乎從詩的結尾「明朝捲地春風惡,但見綠野棲殘紅」兩句中,也透露出了一些消息!

東坡到了黃州,除了面對「缺月」而有「寂寞」的淒冷感覺外,即使所對的是「明月」,「幽人」的自解更是明白。到黃州之初,東坡居住在「定惠院」,寫了一首〈定惠院寓居

---

⑱ 見舊題《百家註分類東坡先生詩》卷10引次公語。曾棗莊編《蘇詩彙評》卷十八。

⑲ 葉寘《愛日齋叢鈔》卷3：「古今寫月中物影,有此入神之筆?」案：東坡〈記承天夜遊〉云：「庭下如積水空明,水中藻荇交橫,蓋竹柏影也。」同一機杼。

⑳ 汪師韓《蘇詩選評箋釋》卷3。與上注具見《蘇詩彙評》。

月夜偶出〉：

> 幽人無事不出門，偶逐東風轉良夜。參差玉宇飛木末，
> 繚繞香煙來月下。江雲有態清自媚，竹露無聲浩如瀉。
> 已驚弱柳萬絲垂，尚有殘梅一枝亞。清詩獨吟還自和，
> 白酒已盡誰能借。不惜青春忽忽過，但恐歡意年年謝。
> 自知醉耳愛松風，會揀霜林結茅舍。浮浮大甑長炊玉，
> 溜溜小槽如壓蔗。飲中眞味老更濃，醉裏狂言醒可怕。
> 閉門謝客對妻子，倒冠落珮從嘲罵。

四十五歲的東坡，面對謫居的生活，情緒上的變動，從詩中可以明顯的看出來：獨自一人趁月色深夜出遊，雖覺歲月如梭，更不足惜，卻恐「歡意」日謝，又想到平日「醉裏狂言」，醒後卻擔心害怕，因此就決定將閉門謝客，輕易不出門了。東坡性格眞率而直言無諱，讀其所作〈思堂記〉可知，至於飲酒，樂之而並無酒量，所謂「醉裏狂言」云云，直是自解之言。詩中「江雲有態清自媚，竹露無聲浩如瀉。已驚弱柳萬絲垂，尚有殘梅一之亞」四句，是東坡所見月夜的「無限清景」，雖然「弱柳」「殘梅」給人以衰颯的感覺，而王文誥以爲是「不食煙火人語，所謂『霜天欲曉，古寺清鐘』是也。」[21]東坡興猶未盡，再次韻一首：

---

[21] 《蘇詩彙評》卷20引王文誥《蘇海識餘》卷1語。

> 去年花落在徐州,對月酣歌美清夜。今年黃州見花發,
> 小院閉門風露下。萬事如花不可期,餘年似酒哪禁瀉。
> 憶惜扁舟泝巴峽,落帆樊口高桅亞。長江袞袞空自流,
> 白髮紛紛寧少借。竟無五畝繼沮溺,空有千篇凌鮑謝。
> 至今歸計負雲山,未免孤衾眠客舍。少年辛苦眞食蓼,
> 老境安閒如啖蔗。飢寒未至且安居,憂患已空猶夢怕。
> 穿花踏月飲村酒,免使醉歸官長罵。

九年後,東坡有〈憶王子立〉一文云:

> 僕在徐州,王子立、子敏皆館於官舍,而蜀人張師厚
> 來過,二王方年少,吹洞簫飲酒杏花下。明年,余謫
> 黃州,對月獨飲,嘗有詩曰:「去年花落在徐州,對
> 月酣歌美清夜。今日黃州見花發,小院閉門風露下。」
> 蓋憶與二王飲時也。張師厚久已死,今年子立復爲古
> 人,哀哉!❷

這是這首詩的寫作背景,前引〈月夜與客飲杏花下〉可以參照。案:王子立名適,蘇轍女婿,與弟王遹子敏皆從東坡學。子立卒於元祐四年(1089),才35歲。與朋友共飲則可對月酣歌寄託懷抱,詩語多情;自己獨飲亦得穿花踏月尋思自省,言多理致。「少年辛苦眞食蓼,老境安閒如啖蔗」兩句,汪師

---

❷ 見《東坡志林》卷1。

韓稱賞謂「尤為見道之言」。㉓「飢寒未至且安居,憂患已空猶夢怕」,東坡雖身處逆境,而其襟抱之豁達如此。「明月」「幽人」,同見本色!

東坡在黃州以「幽人」自寓之詩,另有三首,但無明月相伴。黃州以後,重回政壇,「幽人」更為少見,僅元祐六年(1091)在潁州任上,有〈十月十四日以病在告獨酌〉一首:

> 翠柏不知秋,空庭失搖落。幽人得嘉蔭,露坐方獨酌。
> 月華稍澄穆,霧氣尤清薄。小兒亦何知,相語翁正樂。
> 銅爐燒柏子,石鼎煮山藥。一杯賞月露,萬象紛酬酢。
> 此生獨何幸,風纜欣初泊。誓逃顏跖網,行赴松喬約。
> 莫嫌風有待,漫欲戲寥廓。泠然心境空,彷彿來笙鶴。㉔

東坡本年56歲,三月由杭州被召回京,在朝兩次遭洛黨攻擊,八月出知潁州,次年二月又改知揚州。此詩到潁州不久作。十月十四日,明月已圓,月色澄清,東坡雖請病假,卻決不錯過「一杯賞月」的機會。「誓逃顏跖網」,蓋欲決然撇開俗世是非善惡之爭,「行赴松喬約」,則準備屏棄世務,與王喬、赤松子等神仙中人逍遙同遊。全詩語極平和,意極深刻。東坡離京到潁州任時,曾作〈感舊詩〉一首留別弟弟子由,有敘云:

> 嘉祐中,予與子由同舉制科,寓居懷遠驛,時年二十六,

㉓ 見《蘇詩選評箋釋》卷3。
㉔ 見《蘇軾詩集》卷34。

・東坡的心靈世界・

而子由二十三耳。一日，秋風起，雨作，中夜翛然，始有感慨離合之意。自爾宦遊四方，不相見者，十嘗七八。每夏秋之交，風雨作，木落草衰，則悽然有此感，蓋三十年矣。元豐中，謫居黃岡，而子由亦貶筠州，嘗作詩以紀其事。元祐六年，予自杭州召還，寓居子由東府，數月復出領汝陰。時予年五十六矣。乃作詩，留別子由而去。

此敘見東坡之手足深情，而詩中「我欲自汝陰，徑上潼江章」、「報國何時畢，我心久已降」之語，亦見東坡已有辭官歸里之意，故至潁州「一杯對月」時，有「行赴松喬約」之言。幽人情懷，其惟明月知之乎！

東坡在潁州半年，又調揚州，在揚州也只有半年，再被召回京師，兩年後，出知定州，過了七個月，已經五十九歲的東坡，就從河北定州一路被貶到廣東惠州，以至海南，「行赴松喬約」的願望完全落空了。

五、我今心似一潭月

東坡在59歲那年的十月初二日到了惠州，「幽人」的幽懷又重新昇起，初到惠州的心情似乎是比較開朗的：

彷彿曾遊豈夢中，欣然雞犬識新豐。
吏民驚怪坐何事，父老相攜迎此翁。

這種「父老相攜」歡迎的場面,與當年初到黃州時被田夫野老所推罵的情況比較起來,確實是很大的改變。這時的東坡當然已是名滿天下了!

早在東坡給子由寫〈感舊詩〉時,從許多跡象,東坡事實上已經看出了即將來臨的風暴,所以在次韻子由爲王詵的山水畫題詩時便說:

> 此境眼前聊妄想,幾人林下是眞休?我今心似一潭月,君已身如萬斛舟。看畫題詩雙鶴鬢,歸田送老一羊裘。明年兼與士龍去,萬頃蒼波沒兩鷗。㉕

當時東坡任翰林學士、知制誥兼侍讀,而子由則是尙書右丞,兄弟分居要津,引人側目,對他們兄弟的攻擊毀謗,已有風雨欲來之勢。此詩借題發揮,仍是希望及早抽身歸田之意,與其後離京前所作〈感舊詩〉所說的「行赴松喬約」同意,當然這希望也是落空的。所以首句說「聊妄想」。而子由身任執政,也曾自己體悟到:「轍居其間,跡危甚!」㉖因此東坡此詩有「君已身如萬斛舟」語,「萬斛舟」謂戰船也。子由雖身處危境,但也是報國契機,東坡於〈感舊詩〉中所說可以互參。而東坡此後心境又如何呢?「我今心似一潭月」一語正可以作爲東坡的宣示。

㉕ 見《蘇軾詩集》卷33〈次韻子由書王晉卿畫山水一首,而晉卿和二首〉。
㉖ 見本詩第七句王文誥註引。

東坡到了惠州,「明月」與「幽人」的意象極為突顯,〈江月〉五首的敘言說:

> 嶺南氣候不常。吾嘗曰:「菊花開時乃重陽,涼天佳月即中秋,不須以日月為斷也。」今歲九月,殘暑方退,既望之後,月出愈遲。予嘗夜起登合江樓,或與客遊豐湖,入棲禪寺,叩羅浮道院,登逍遙堂,殆曉乃歸。杜子美云:「四更山吐月,殘夜水明樓。」此殆古今絕唱也。因其句作五首,仍以「殘夜水明樓」為韻。

踏月夜遊,已經是東坡慣常的經驗,原因不就是因對明月而難以成眠嗎?五首中第二首前四句說:

> 二更山吐月,幽人方獨夜。可憐人與月,夜夜江樓下。

第三首前四句說:

> 三更山吐月,棲鳥亦驚起。起尋夢中遊,清絕正如此。

第四首說:

> 四更山吐月,皎皎為誰明。幽人赴我約,坐待玉繩橫。野橋多斷板,山似有微行。今夕定何夕,夢中遊化城。

第五首說:

> 五更山吐月,窗迥室幽幽。玉鉤還掛戶,江練卻明樓。

星河淡欲曉，鼓角冷如秋。不眠翻五詠，清切變蠻謳。

對這五首詩，前人乃以「小樣」評之，㉗若從東坡的「幽人」與「明月」情懷切入，對東坡以江月之皎皎自比的幽微心境，以及東坡長年耿耿於懷但不一再申明的憂國情懷，是可以更為深刻的體認的。

在惠州約兩年半的時間，東坡又被貶到海南，「幽人」情懷一如惠州。在海南將近三年，「缺月」的意象特別明顯，在初到海南、由瓊州到儋州的路途中，東坡已把所經路程的形狀比為「月半弓」了，㉘其後，「缺月不早出」、㉙「耿耿如缺月」、㉚「西窗半明月」、㉛「暫瘁如蝕月」㉜、「缺月初生犬吠雲」㉝、「殘月幾人行」㉞，在海南的月，不是「缺」就是「殘」，或者是「瘁」，東坡心境之淒涼可見。而〈十二月十七日夜坐達曉，寄子由〉一詩，尤可注意，十二月十七夜，

㉗ 見《蘇詩彙評》引《紀昀評蘇文忠公詩集》卷39。
㉘ 「我行西北隅，如度半月弓。」《蘇軾詩集》卷41〈行瓊儋間，肩輿坐睡，夢中得句云：「千山動鱗甲，萬谷酣笙鐘。」覺而遇清風急雨，戲作此數句〉。
㉙ 《蘇軾詩集》卷41〈和陶赴假江陵夜行〉。
㉚ 《蘇軾詩集》卷41〈和陶雜詩〉11首之1，下句「獨與長庚晨」。
㉛ 《蘇軾詩集》卷41〈和陶雜詩〉11首之2。下句「散亂梧楸影」。
㉜ 《蘇軾詩集》卷41〈次韻子由月季花再生〉。上句「幽芳本長生」。
㉝ 《蘇軾詩集》卷41〈十二月十七日夜坐達曉，寄子由〉。上句「清風欲發鴉翻樹」。
㉞ 《蘇軾詩集》卷42〈倦夜〉。上句「孤村一犬吠」。

那是東坡六十四歲生日的前兩夜，孤坐終宵，東坡在想些什麼呢？東坡說：

> 燈爐不挑垂暗蕊，爐灰重撥尚餘薰。清風欲發鴉翻樹，缺月初升犬吠雲。閉眼此心新活計，隨身孤影舊知聞。雷州別駕應危坐，跨海清光與子分。

東坡來到海南已經兩年半，眼看自己六十四歲生日就要到了，而前途全然未可預知；沉思默想，是必須要有新的生活打算；而孤影自隨，自己的處境或許只有昔日的知己關心。垂老孤危的心境，卻用前四句悠閒自在的「景語」襯托出來，而結尾兩句，又從自己推想到隔著瓊州海峽在雷州的子由，希望兄弟隔海能分享今夜「缺月」所閃耀的清光。「人有悲歡離合，月有陰晴圓缺」，二十三年前〈水調歌頭〉詞中感慨，與「但願人長久，千里共嬋娟」的期望，再一次顯現。再說，十七夜的月應該還不至於「缺」，對著衝破烏雲、展現清光、並且還算圓的「明月」，東坡卻用「缺月」表達出了「明月幾時有」的反諷與自嘲。

六、雲散月明見清澄

世事是難以料度的，當東坡在為「新活計」閉眼尋思的

一個月後,在位十五年卻只活了二十五年的宋哲宗死了,㉟徽宗繼位,大赦天下;四月二十一日東坡量移廉州(州治今廣東合浦)命下,這真是天大的意外,「餘生欲老海南村,帝遣巫陽召我魂。」㊱六月中,東坡到澄邁驛候船,六月二十日,連日風雨終於停息,東坡登船,當夜渡海。東坡對著澄清的海色天容,想到自己的懷抱和遭遇,感慨而賦詩說:

> 參橫斗轉欲三更,苦雨終風也解晴。雲散月明誰點綴,天容海色本澄清。空餘魯叟乘桴意,粗識軒轅奏樂聲。九死南荒吾不悔,茲遊奇絕冠平生。

「雲散月明」,雖是寫實,也是對自己遭遇的比喻。二十夜的月絕不如十七夜的月來得圓又明,但東坡寧說去年十二月十七夜通宵所見的月是「缺」的,而今六月二十夜的月是「明」的,這半年間的心理變化是巨大的,東坡應是憧憬著:這一次九死餘生,能重回中原,正譬如烏雲散而海月明,人間又得共此明月,而自己始終如一的憂國憂民情懷,亦將如明月輝光,普照大地!

2002年7月6日

㉟ 《宋史本紀十八》載哲宗崩於元符三年正月己卯,即正月十二日。死前一日已大赦天下,徽宗於十三日即位,「赦天下常赦所不原者」,此赦始及東坡諸人。

㊱ 《蘇軾詩集》卷43〈澄邁驛通潮閣〉2首之2。

・東坡的心靈世界・

夜雨何時聽蕭瑟
——東坡兄弟的手足深情

一、手足之愛，平生一人

東坡兄弟的父親蘇洵於十九歲娶妻程氏，生三男三女。長女夭折，次女死時約十二歲，幼女長東坡一歲，十八歲時亡故。長子景先，在東坡兩歲時死亡，東坡其次，三子即子由。蘇洵長女應較東坡大八歲，東坡十七歲時，一兄三姊已先後死亡，僅存一弟子由，而東坡與子由六十餘年的兄弟之情，有足以為世範者，只就二人所作詩篇而言，東坡畢生所作詩兩千六百餘首，與子由唱和者兩百一十七首；子由所作一千八百餘首，與東坡唱和者亦兩百又六首，二人唱和之作相當，而兄弟的手足深情，也大概可以見知。本文試圖透過二人唱和詩什中的特殊主題，參酌其他相關文本，考察分析，希望能藉以得知東坡的至性至情。

宋哲宗元祐七年（公元1092年）七月間，東坡在揚州知州任上，已經獲知自己有被召回朝廷的消息，當時，同年晁端彥美

・東坡的心靈世界・

叔正奉詔回朝廷，東坡作詩為他送行，❶詩的頭兩句說：「我年二十無朋儔，當年四海一子由。」這裏所說的「當年」，指的是宋仁宗嘉祐二年（公元1057年）東坡兄弟在京師初識晁端彥時以及那之前的時間。❷東坡詩意是說：一直到認識晁美叔前，自己唯一的朋友就是弟弟子由。除了子由，東坡難道就沒有其他的交遊嗎？案：東坡除親兄姊外，其大伯父蘇澹有三子，長子蘇位，死於嘉祐五年六月十日，僅小於蘇洵五歲；次子蘇佾，在蘇位之前已死亡；三子生平不詳。以蘇位較蘇軾年長二十三歲推算，則蘇澹三子年紀亦當遠比東坡子由兄弟為大。❸東坡二伯父蘇澳也有三子：蘇不欺字子正，蘇不疑字子明，蘇不危字子安；三人的確切年齡雖不詳，但也都比東坡為年長，應該無可置疑。❹蘇澳較蘇洵長八歲，❺則其三子年齡比之東坡兄

---

❶ 《東坡詩集》卷35〈送晁美叔發運右司年兄赴闕〉，時晁美叔以右司郎中任江淮荊浙等路發運使，治事真州（江蘇儀真），正與揚州鄰近。

❷ 此詩第四句東坡自注云：「嘉祐初，軾與子由寓興國浴室，美叔忽見訪。云：『吾從歐陽公遊久矣，公令我來，與子訂交，謂子必名世，老夫亦須放他出一頭地。』」

❸ 《全宋文》卷928蘇洵〈祭位佺文〉：「昔汝之生，後余五年。……嗟余伯兄，其後之存者，獨汝季弟與汝之二孺。」又卷927〈蘇氏族譜〉於蘇澹下列二子位、佾之名。

❹ 據《東坡文集》卷60有東坡〈與子安兄七首〉、〈與子明兄一首〉，〈與子明兄〉中有：「兄有三哥一房，鄉居。」三哥即指蘇不危子安，家居不仕。可知。

❺ 據蘇轍《伯父墓表》，蘇澳卒於嘉祐七年（公元1062年），年62歲。則生於真宗咸平四年（公元1001年）。

弟或者也要大出十歲左右。因此，東坡年少時，就只有與子由的年齡相近，兄弟而兼朋友，是有其必然的情勢。雖然也有其他的玩伴，但關係都不可能有自己兄弟親密，所以日後東坡也曾說過：「吾從天下士，莫如與子歡。」❻的話。而子由也在祭東坡文中說了：「手足之愛，平生一人」的話。❼

如果依《東坡詩集》與《全宋詩・蘇轍詩》的編次，東坡與子由第一首唱和的詩是先有子由詠「山胡」的作品，然後東坡再和的。子由純由這種「巧聲」禽鳥的特性下筆，加以描述：

山胡擁蒼毳，兩耳白茸茸。野樹啼終日，黔山深幾重。
啄溪探細石，噪虎上孤峰。被執應多恨，筠籠僅不容。

全詩僅在結尾處略為說理。而東坡則從子由詩之結語入手，別寄巧思，便覺搖曳生姿：

終日鎖筠籠，回頭惜翠茸。誰知聲畫畫，亦自意重重。
夜宿煙生浦，朝鳴日上峰。故巢何足戀，鷹隼豈能容。

嘉祐四年（公元1059年）十月，東坡兄弟隨父進京，由眉州入嘉陵江，經涪州時得到這隻「山胡」鳥，兩人所作正可反應出性格之不同：子由平實沉穩而東坡明朗外發。當時東坡二十四歲，

---

❻ 見《東坡詩集》卷5〈和子由苦寒見寄〉。
❼ 《全宋文》卷2103〈祭亡兄端明文〉。

・東坡的心靈世界・

子由二十一歲。

二、夜雨何時聽蕭瑟

　　嘉祐六年（公元1061年）八月，東坡與子由通過了「賢良方正直言極諫科」的特考，東坡以大理評事的官銜被派到陝西鳳翔擔任「簽書鳳翔府節度判官廳公事」的職務，子由則以秘書省校書郎的官銜被派往商州擔任軍事推官。子由的派任因為知制誥王安石不肯撰寫詔命而耽擱，而當時蘇洵正奉命在京師修「禮書」，於是子由就藉此請求留在京師照顧父親。十一月，東坡出京赴任，子由一路陪送，十九日，到了距離汴京一百四十里外的鄭州（河南滎陽）西門外，子由才回轉京師。這是兄弟兩人第一次分別，依依之情，自是難免，東坡於是寫下了有名的留別詩：

　　　　不飲胡為醉兀兀，此心已逐歸鞍發。歸人猶自念庭闈，
　　　　今我何以慰寂寞。登高回首坡壠隔，但見烏帽出復沒。
　　　　苦寒念爾衣裘薄，獨騎瘦馬踏殘月。路人行歌居人樂，
　　　　童僕怪我苦悽惻。亦知人生要有別，但恐歲月去飄忽。
　　　　寒燈相對記疇昔，夜雨何時聽蕭瑟。君知此意不可忘，
　　　　慎勿苦愛高官職。❽

---

❽　《東坡詩集》卷3〈辛丑十一月十九日，既與子由別於鄭州西門之外，馬上賦詩一篇寄之〉。

全詩十六句,前十句寄別情,後六句提舊約。東坡自注說:「嘗有夜雨對床之言,故云耳。」案:三十年後,也就是東坡五十六歲時,東坡作〈感舊詩〉留別子由,詩敘正可補充「嘗有夜雨對床之言」之詳細情形。東坡說:

> 嘉祐中,予與子由同舉制策,寓居懷遠驛,時年二十六,而子由二十三耳。一日,秋風起,雨至;中夜翛然,始有感慨離合之意。自爾宦遊四方,不相見者,十常八九,每夏秋之交,風雨作,木落草衰,輒戚然有此感,蓋三十年矣!元豐中謫居黃岡,而子由亦貶筠州,嘗作詩以紀其事。元祐六年,予自杭州召還,寓居子由東府,數月,復出領汝陰,是予年五十六矣。乃作詩,留別子由而去。

這段敘文中所說的「懷遠驛」,是在京師汴京(河南開封)麗景門外汴河南邊。❾而在東坡寫這一段敘文的前十六年,子由也曾說過:

> 轍幼從子瞻讀書,未嘗一日相舍。既壯,將遊宦四方,讀韋蘇州詩,至「安知風雨夜,復此對床眠。」惻然感之,乃相約早退,為閒居之樂。故子瞻始為鳳翔幕府,留詩為別,曰:「夜雨何時聽蕭瑟」。❿

---

❾ 據李一冰《蘇東坡新傳》第一章之11。台北聯經1983年出版。
❿ 《全宋詩》卷855蘇轍〈逍遙堂會宿二首〉引。

・東坡的心靈世界・

東坡和子由這兩段詩敘，具體的說明了兄弟兩人所以會有「夜雨何時聽蕭瑟」的心理背景。唐代詩人韋應物有〈示全真元常〉詩：

> 余辭郡符去，爾為外事牽。寧知風雪夜，復此對床眠。
> 始話南池飲，更詠西樓篇。無將一會易，歲月坐推遷。
> （全唐詩188）

公元784年冬，韋應物自滁州刺史卸任，次年秋，改授江州刺史，寫了這首詩留別元常與全真兩位外甥。❶舅甥之情畢竟不同於兄弟手足，韋應物於外甥尚有「寧知風雪夜，復此對床眠」的悽然之懷，何況「平生之愛，手足一人」的東坡與子由？於是，「風雨對床」與「夜雨何時聽蕭瑟」的情懷，就一再的出現在兄弟兩人的詩篇中。

東坡與子由第一次分別，對東坡來說，情感上的衝擊是很大的，所以東坡到了鳳翔以後，思念子由，有「鄭西分馬涕垂膺」、「憶弟淚如雲不散」的句子。❷涕淚如雲垂膺，可以想見東坡的傷感。

● 羅聯添教授《韋應物年譜》繫此詩於唐德宗興元元年（公元864年）冬應物初罷滁州刺史時，惟據首句「去」及全詩詩意，或應次年秋受命刺江州而與二甥話別時。亦合東坡序中所稱「秋風起，雨至」之情境。唯原詩做「風雪夜」，蘇轍引作「風雨夜」。

前句見〈九月二十日微雪，懷子由弟二首〉，後句見〈壬寅重九不預會，獨遊普門寺僧閣，有懷子由〉。俱見《東坡詩集》卷4。

・夜雨何時聽蕭瑟——東坡兄弟的手足深情・

　　熙寧九年（公元1076年）十月，子由自齊州（在山東濟南）掌書記卸任回京。十二月，東坡也從知密州調知河中府，隨即赴任。次年，子由改官著作佐郎，並應張方平之邀擔任南京（今河南商丘）簽書判官，二月，子由離開汴京前去迎接東坡，兄弟兩人在山東澶、濮之間會面，結伴而行。而東坡又奉令改調徐州知州，於是子由先陪同東坡赴徐州，四月二十一日到徐州，子由在徐州住了一百多天，七月間，兄弟會宿於「逍遙堂」；子由夜聽風雨，觸景生情，想起了「懷遠驛」的舊約，大有感慨，寫下了〈逍遙堂會宿〉詩兩首，詩序對這一段經過講得很清楚：

> 轍幼從子瞻讀書，未嘗一日相舍。既壯，將遊宦四方，讀韋蘇州詩，至「安知風雨夜，復此對床眠。」惻然感之，乃相約早退，爲閒居之樂。故子瞻始爲鳳翔幕府，留詩爲別，曰：「夜雨何時聽蕭瑟」。其後子瞻通守餘杭，復移守膠西，而轍滯留於睢陽、濟南不見者七年。熙寧十年二月，始復會於澶、濮之間，相從來徐，留百餘日，時宿於逍遙堂。追感前約，爲二小詩記之。

兩首詩則是這麼說的：

> 逍遙堂後千尋木，長送中宵風雨聲。
> 誤喜對床尋舊約，不知飄泊在彭城。
>
> 秋來東閣冷如水，客去山公醉似泥。
> 困臥北窗呼不醒，風吹松竹雨淒淒。❸

---

❸　《全宋詩》卷855蘇轍〈逍遙堂會宿二首〉引。

東坡讀了這兩首詩,既感動又感傷,於是也和了兩首,詩序說:

> 子由將赴南都,與余會宿於逍遙堂,作兩絕句,讀之殆不可為懷,因和其詩以自解。余觀子由,自少曠達,天資近道,又得至人長年養生之訣,而余亦竊聞其一二。以為今者宦遊相別之日淺,而異時退休相從之日長。既以自解,且以慰子由云。

詩則是這麼寫的:

> 別期漸近不堪聞,風雨蕭蕭已斷魂。
> 猶勝相逢不相識,形容變盡語音存。
>
> 但令朱雀長金花,此別還同一轉車。
> 五百年間誰復在?會看銅狄兩咨嗟。❶

東坡「既以自解,且以慰子由」的說法是完全可以了解的,兄弟兩人一分別就是七年不見,怎可能是「宦遊相別之日淺,退休相從之日長」呢?日後再見,真怕已經是「形容變盡」,而只能靠彼此的語音來相認了。東坡說子由的詩令他「不可為懷」,東坡自己的自解語,才更讓人感慨萬千、不可為懷呢!

這一年中秋,他們兄弟難得在一起過節,東坡寫了一首〈陽關曲・中秋詞〉:

---

❶ 《蘇軾詩集》卷15。

> 暮雲收盡溢清寒,銀漢無聲轉玉盤。
> 此身此夜不長好,明月明年何處看。

這正是對不可知的未來表示了深切的無奈,與「異時退休相從之日長」的期望,又是多大的落差。子由也作了一闋〈水調歌頭〉:

> 離別一何久,七度過中秋。去年東武今夕,明月不勝愁。豈意彭城山下,同泛清河古汴,船上載涼舟。鼓吹弄清賞,鴻雁起汀州。　座中客,翠羽披,紫綺裘。素娥無賴,西去曾不爲人留。今夜清尊對客,明夜孤帆水驛,依舊照離憂。但恐同王粲,相對永登樓。

過了中秋,第二天子由就離了徐州赴南京就職,東坡寫了〈初別子由〉詩,表達了對子由深切的關注之情:

> 我少知子由,天資和而清。好學老益堅,表裏漸融明。
> 豈獨爲吾弟,要是賢友生。不見六七年,微言誰與賡。
> 長恐坦率性,放縱不自程。會合亦何事,無言對空枰。
> 使人之意消,不善無由萌。森然有六女,包裹布與荊。
> 無憂賴賢婦,藜藿等大烹。使子得行意,青衫陋公卿。
> 明日無晨炊,倒床作雷鳴。秋眠我東閣,夜聽風雨聲。
> 懸知不久別,妙理難細評。昨日忽出門,孤舟轉西城。
> 歸來北堂上,古屋空崢嶸。退食愓相從,入門中自驚。
> 南都信繁會,人事水火爭。念當閉閣坐,頹然寄聾盲。

妻子亦細事，文章固虛名。會須掃白髮，不復用黃精。

此詩前六句說明子由的性情清和好學，既是自己兄弟，也是好同學。次八句說明分別七八年以來，因沒有子由的微言相規，故常恐自己坦率之性放縱不羈，此番能再相見，也使自己得以保持善性。再說到子由家累雖重，卻能安貧樂道，妻子賢慧，可以沒有後顧之憂。而相聚時間短暫，子由別後，自己悵然若有所失。最後勸戒子由到南都後應避免捲入人事紛爭，不如閉門靜坐，以求修身養性。透過東坡這首詩，對子由的性情為人，更能有深刻的了解。子由得詩後，也次韻回了一首：

衰衰河渭濁，皎皎江漢清。源流既自異，美惡終未明。
嗟我頑鈍質，乃與公並生。出處每自託，謳吟輒嘗賡。
譬如病足馬，共此千里程。勝負坐已決，豈待終一枰。
憶公年少時，濯濯吐新萌。堅姿映松柏，直節凌榛荊。
學成志益厲，秋霜落春榮。澹然養浩氣，脫屣遺齊卿。
百鍊竟不變，三年終未鳴。區區兩郡守，籍籍四海聲。
年來效瘖默，世事慵譏評。不見室家好，恍如揖重城。
別離長塵垢，歲月何崢嶸。彭門偶會合，白髮互相驚。
受教恐不足，吐論那復爭。疾雷發聾聵，清月照昏盲。
篤愛未忍棄，浪云舊齊名。更請同郭徐，題品要當精。

子由這首詩，主要是對東坡才情氣質的讚揚，而認為東坡「終未鳴」者實為可惜。其中「年來效瘖默，世事慵譏評」兩句，

讓我們更可以知道東坡何以會勸子由到了南都要閉門不問人事了。這一年，東坡才四十三歲，子由三十九歲，七年不見，竟然已是「白髮互相驚」了！

三、他時夜雨獨傷神

徐州這一別，不到兩年，元豐二年（公元1079年）三月，東坡調任湖州知州，特地先到商丘看望子由，停留了半個月。四月二十日抵達湖州，在〈湖州謝上表〉中，東坡向皇帝說：

> （陛下）知其愚不適時，難以追陪新進；察其老不生事，或能牧養小民。而臣頃在錢塘，樂其風土。魚鳥之性，既自得於江湖；吳越之人，亦安臣之教令。敢不奉法勤職，息訟平刑。❺

這些話就被認為是「愚弄朝廷，妄自尊大」，東坡開始遭到攻擊。七月二十八日，就被解去職務，押回京師，八月十八日下獄。子由上書神宗，乞求繳納所有官職以贖東坡之罪：

> 臣早失怙恃，惟兄軾一人相須為命。今者竊聞其得罪，逮捕赴獄，舉家驚號，憂在不測。臣竊思念軾居家在官，無大過惡。惟是賦性愚直，好談古今得失，前後上章論事，其言不一。陛下盛德廣大，不加譴責。軾狂狷寡慮，

---

❺ 《蘇軾文集》卷23。

> 竊恃天地包含之恩，不自抑畏。頃年通判杭州及知密州日，每遇物託興，作爲歌詩，語或輕發。向者曾經臣寮繳進，陛下置而不問。軾感荷恩貸，自此深自悔咎，不敢復有所爲，但其舊詩已自傳播。臣誠哀軾愚於自信，不知文字輕易，跡涉不遜。雖改過自新，而已陷於刑辟，不可救止。軾之將就逮也，使謂臣曰：「軾早衰多病，必死於牢獄，死固分也。然所恨者，少抱有爲之志，而遇不世出之主，雖齟齬於當年，終欲效尺寸於晚節。今遇此禍，雖欲改過自新，洗心以事明主，其道無由。況立朝最孤，左右親近，必無爲言者。惟兄弟之親，試求哀於陛下而已。」臣竊哀其志，不勝手足之情，故爲冒死一言。……臣欲乞納在身官以贖兄軾，非敢望末減其罪，但得免下獄死爲幸！……臣無任祈天請命激切隕越之至。❶⓰

子由對兄長的手足關愛之意，情現乎辭。當然，一定要置東坡於死地的當權者不可能會對子由的懇求有所回應，於是，從八月二十日起，東坡開始接受一連串的審訊，一直到九月十四日。東坡面對極盡誣妄的詰辱，自料恐怕將難以承受折磨而死在獄中，不能與子由見最後一面，於是寫了兩首詩，請獄卒梁成在自己死後轉交給子由。這兩首詩的題目是〈予以事繫御史臺獄，

⓰ 《全宋文》卷2050蘇轍〈爲兄軾下獄上書〉。

獄吏稍見侵,自度不能堪,死獄中,不得一別子由,故作二詩授獄卒梁成,以遺子由〉,詩說:

> 聖主如天萬物春,小臣愚暗自亡身。
> 百年未滿先償債,十口無歸更累人。
> 是處青山可埋骨,他時夜雨獨傷神。
> 與君今世爲兄弟,又結來生未了因。
>
> 柏臺霜氣夜淒淒,風動琅璫月向低。
> 夢繞雲山心似鹿,魂驚湯火命如雞。
> 眼中犀角眞吾子,身後牛衣愧老妻。
> 百歲神遊定何處,桐鄉知葬浙江西。❼

這兩首詩就等如是絕命書,第一首的第六句,更是設身處地爲子由而想;如果東坡眞死了,將來秋風蕭瑟、秋雨淒涼時,子由就只能一個人孤獨的回想當年兄弟夜雨對床的情景而獨自傷神了。當年兄弟「夜雨對床」的溫馨,在這時已然變成了唏噓感嘆的悲涼。

　　經過一百三十一天的折騰,東坡被貶到黃州,總算逃過一劫,沒有死在大獄中,而在獄中給子由預留下的這兩首詩,當獄卒梁成在東坡出獄後交還給東坡時,東坡「抱頭伏案,自不忍讀。」❽

---

❼ 《東坡詩集》卷19。
❽ 見李一冰著《蘇東坡新傳》第5章。惟未交代出處。

東坡下獄期間,一家大小全都寄居在子由家,子由原本家累已重,既要奔走營救東坡,又要照顧東坡一家生活,負擔可以想見。東坡既出獄,於是先約了子由到陳州文同家相會,文同去世已將近一年,因為家貧,所以靈柩仍無法運回四川故里。文同既是東坡的表兄,又是子由的姻親,關係非比尋常,所以東坡決定要設法解決,同時也要和子由商量日後的諸般問題。東坡於元豐三年(公元1080年)二月一日抵達黃州,五月底,子由又不辭勞苦親自護送東坡家小到黃州,在黃州停留十天,而後才到九江接自己的家眷到筠州(江西高安)貶所。兄弟這一分別,又是一段漫長的歲月,其間兄弟二人詩歌唱和互訴衷曲,自不在話下。

四、對床定悠悠,夜雨空蕭瑟

東坡在黃州的第四年,也就是元豐六年(公元1083年),時節又到了初秋,東坡在自己辛苦營建的「雪堂」中休息,也是一個刮風下雨的夜晚,東坡油然想起了二十二年前與子由在「懷遠驛」夜雨對床的情景,滿懷心事,寫了一首詩寄給遠在江西的子由:

百川日夜逝,物我相隨去。唯有宿昔心,依然守故處。憶在懷遠驛,閉門秋暑中。藜羹對書史,揮汗與子同。西風忽淒厲,落葉穿戶牖。子起尋裌衣,感歎執我手。

> 朱顏不可恃,此語君莫疑。別離恐不免,功名定難期。
> 當時已悽斷,況此兩衰老。失途既難追,學道恨不早。
> 買田秋已議,築室春當成。雪堂風雨夜,已作對床聲。❶⁹

這首詩感慨極深,東坡才不過四十七歲,子由才四十四歲,東坡卻說兄弟二人是「兩衰老」,這種衰老,是對「物我」隨百川而逝的無奈,是對「功名定難期」的再認定,是對「失途」的後悔莫及。兄弟倆所抱持的淑世理想畢竟敵不過現實人事紛爭的衝擊,於是,買田歸隱,重返自然,就成了最好的選擇,昔年在懷遠驛「風雨對床」時的約定,又一次具體的被東坡提出。東坡被貶謫到黃州已經是第四年了,似乎沒有任何跡象可以看出有被寬赦的可能,因此在「東坡」旁的空地修建了五間房屋,並取名為「雪堂」,準備「身耕妻蠶」,刻苦過日子。「雪堂」南邊可以看到「四望亭」後面的山丘,西邊則可見北山的「微泉」,東坡欣賞美景之餘,不免又有感觸,作了一首〈江神子〉詞,詞敘說:

> 陶淵明以正月五日遊斜川,臨流班坐,顧瞻南阜,愛曾城之獨秀,乃作斜川詩,至今使人想見其處。元豐壬戌之春,余躬耕於東坡,築雪堂居之,南挹四望亭之後丘,西控北山之微泉,慨然而歎:此亦斜川之遊也。乃作長短句,以〈江神子〉歌之。

---

❶⁹ 《蘇軾詩集》卷22〈初秋寄子由〉。

全詞是：

> 夢中了了醉中醒。只淵明。是前生。走遍人間,依舊卻躬耕。昨夜東坡春雨足,烏雀喜,報新晴。　雪堂西畔暗泉鳴。北山傾。小溪橫。南望亭丘,孤秀聳曾城。都是斜川當日境,吾老矣,寄餘齡。

世人於夢中顛倒,醉中昏迷;而能在夢而了,在醉而醒者,難矣!⑳東坡於「夢中了了」與「醉中醒」之事,以陶淵明為自己之「前生」,是不僅嚮往淵明斜川之遊的自得之趣,亦自覺人格上與淵明之契合。㉑正當東坡在黃州「買田」「築室」作「寄餘齡」的打算時,沒想到隔年三月,他就接到了量移汝州的命令。四月七日,東坡抱著依依不捨的心情離黃州,他先特地繞道江西到筠州探視子由一家人。五月初到達筠州,在筠州停留雖不到十天,但兄弟兩家人在五年的磨難之餘,能團聚同歡,在這之前固然難得,在這之後又更不容易了!

哲宗元祐四年（公元1089年）十月,子由以翰林學士、知制誥、吏部尚書的身分奉命出使北方的遼國,十一月二十六日到達遼國的「神水館」,遇上大風,子由寫了四首詩寄給遠在杭

---

⑳　用傅幹註語之意。

㉑　東坡詞作及於淵明而言非泛泛者始於此闋。詩作及於淵明者在下獄前僅六首,在黃州五年僅一首,均不如此詞用意之深,作此詞後不久即有〈哨遍〉詞隱括淵明〈歸去來辭〉及〈陶淵明飲酒詩跋〉之作。東坡其後遍和淵明詩,蓋淵源於詞中「淵明前生」之自覺。

・夜雨何時聽蕭瑟——東坡兄弟的手足深情・

州的東坡,其中第二首說:

> 夜雨從來相對眠,茲行萬里隔胡天。
> 試依北斗看南斗,始覺吳山在目前。㉒

當時士大夫都視出使遼國爲畏途,東坡雖不畏難,也曾辭免使北;子由自少有肺疾,而北方酷寒,對他的身體尤不適宜,但子由還是接了任務,雖有長子蘇遲隨行照顧,一路上仍須靠丹藥護持身體,而且,也曾經因墜馬而傷了腳,拖了三年還好不了。㉓然而當時他心中所思念的就是東坡,但南北乖隔,只能藉著斗星,寄託自己的思念。所謂「夜雨從來相對眠」,正是對過去「夜雨對床」溫情的懷想。

哲宗元祐七年(公元1092年)八月,東坡由揚州被召還朝,至十二月,已經身兼端明殿學士與翰林侍讀學士,並有禮部尚書的官銜。而蘇轍更早在六月就已經由尚書右丞升任大中太夫兼門下侍郎,位高職重,這是兄弟兩人一生官職最高的時候。但好景不常,一連串的厄運隨著朝廷政局的改變而降臨,東坡在第二年九月被罷去禮部尚書,調到河北定州去。東坡似乎對未來的乖舛遭遇已有預感,在離開京師與子由分別時,正值晚秋,而雨打梧桐,更興起聽雨的感慨。東坡寫了一首〈東府雨

㉒ 《全宋詩》卷864。
㉓ 〈次韻子瞻上元扈從觀燈二首〉之二自注:「頃奉使契丹,墜馬傷足,已三年矣。」見《全宋詩》卷865。

中別子由〉詩:

> 庭下梧桐樹,三年三見汝。前年適汝陰,見汝鳴秋雨。
> 去年秋雨時,我自廣陵歸。今年中山去,白首歸無期。
> 客去莫歎息,主人亦是客。對床定悠悠,夜雨空蕭瑟。
> 起折梧桐枝,贈汝千里行。歸來知健否,莫忘此時情。

這年東坡五十八歲,而「白首歸無期」與「對床定悠悠,夜雨空蕭瑟」的話,幾乎就成了詩讖。東坡到定州只有半年,在哲宗紹聖元年（公元1094年）四月,就被解去兩學士銜並貶知英州,在途中又再貶寧遠軍節度副使、惠州安置。在廣東惠州兩年半,更遠貶海南,在海南又是三年,宋徽宗即位,大赦天下,東坡幸而得返回中原,卻不幸病死在江蘇常州。而子由則於紹聖元年四月先貶汝州,六月再貶袁州,七月又貶筠州,當紹聖四年（公元1097年）四月東坡被謫海南時,子由已先貶雷州,東坡打聽到子由在藤州停留,於是一路追趕,終於在五月十一日趕到藤州,兄弟這回相見,心情之沉重可知。一路結伴同行,多所商議。六月五日抵達雷州,六月十一日東坡與子由訣別,渡過瓊州海峽到海南島。這前後一個月的時間,就是東坡兄弟最後的相聚,從此再無見面之時了。當東坡病逝常州前,對朋友錢世雄說:「萬里生還,乃以後事相託也,惟子由不復一見而決,此痛難堪爾!」[24]「白首歸無期」竟是如此的應驗!東坡逝世

---

[24] 見《蘇文忠公詩編注集成總案》卷45。

後十一年,子由才去世,這十一個年頭,對子由而言,正是「對床定悠悠,夜雨空蕭瑟」、孤獨而淒清的歲月。而當年東坡「與君今世爲兄弟,又結來生未了因」的願望,又眞能實現嗎?

五、對床夜雨失前期

　　東坡對自己的天生個性,是完全了解的,他不只一次說出自己剛直無隱的天性,如在〈密州通判廳題名記〉中說:

> 余性不愼語言,與人無親疏,輒輸寫腹臟,有所不盡,如茹物不下,必吐出乃已。

這是熙寧九年(公元1076年)東坡在山東密州知州任上所說的,當時東坡四十一歲;又如在〈思堂記〉中說:

> 余天下之無思慮者也,遇事則發,不暇思也。未發而思之,則未至,已發而思之,則無及。以此終身,不知所思。言發於心而衝於口,吐之則逆人,茹之則逆余。以爲寧逆人也,故卒吐之。[25]

這是東坡在元豐元年(公元1078年)正月爲章楶所寫的,當時東坡在徐州擔任知州。東坡這種無論對象、遇事直言的眞性情,

---

[25] 以上兩文俱見《蘇軾文集》卷11。又東坡之賦性可參拙作〈從東坡書牘認識東坡〉(發表於台北輔仁大學主辦「東坡事逝世九百年學術研討會論文集」2001年5月洪葉出版社)。

給自己找來許多的麻煩，子由對兄長的這種個性當然知曉，所以才會說：

> 其於人，見善稱之如恐不及，見不善斥之如恐不盡，見義勇於敢爲，而不顧其害。用此數困於世，然終不以爲恨。㉖

東坡把這種幾乎讓自己送命的個性叫做「狂」，從「烏臺詩案」死裏逃生後，他在寫給章惇的信裏說：

> 追思所犯，眞無義理，與病狂之人蹈河入海者無異，方其病作，不自覺知，亦窮命所迫，似有物使。㉗

子由對東坡的以「狂」自解，也是認同的，所以曾說：

> 我兄次公狂，我復長康癡。㉘

西漢宣帝時蓋寬饒字「次公」，擔任司隸校尉，剛直公廉，無所迴避，公卿大夫都恐懼。東坡曾有「狂言屢發次公醒」、「狂似次公應未怪」之語，自比蓋寬饒雖醒時已狂，不待酒後。㉙

㉖ 見所撰〈亡兄子瞻端明墓誌銘〉見《全宋文》卷2100。
㉗ 《蘇軾文集》卷49〈與章子厚參政書〉。
㉘ 見〈偶遊大愚，見餘杭明雅照師，舊識子瞻，能言西湖舊遊。將行，賦詩送之〉《全宋詩》卷861。
㉙ 許伯自酌敬酒，蓋寬饒曰：「無多酌我，我乃酒狂。」丞相魏侯笑曰：「次公醒而狂，何必酒也。」見《漢書》卷77本傳。又所引詩句分別見〈平山堂次王居卿祀部韻〉《蘇軾詩集》卷12及〈次韻劉貢父所和

子由又以為自己與兄長相比則是如同「長康」之「癡」。晉顧愷之字長康，博學有才氣，善畫，當時人稱其三絕：才絕、畫絕、癡絕。㉚長康之「癡」，蓋指不點慧，近乎愚。子由豈是神思不足的愚人，其實是大智若愚呢，所以東坡對於子由的描述就是：

> 念子似先君，木訥剛且靜。寡辭眞吉人，介石乃機警。……嗟我久病狂，意行無坎井。有如醉且墜，幸未傷輒醒。余觀子由，自少曠達，天資近道，又得至人養生長年之訣。㉛
>
> 我少知子由，天資和而清，好學老益堅，表裡漸融明。㉜

子由天資「清和」、「木訥」、「寡辭」、「機警」，沉穩而剛毅，又自來曠達近道，且因體質較弱，早年就學養生之道，先天秉賦與後天學養的調和，使得他表裏融通清明。知弟莫若兄，東坡並認定子由是唯一可以在學術成就上和自己相題並論的人，他曾對子由說：

> 吾視今世學者，獨子可與我上下耳。㉝

　　〈韓康公憶持國二首〉《蘇軾文集》卷29。
㉚　見《晉書》卷92本傳。
㉛　分別見《蘇軾詩集》卷6〈潁州初別子由二首〉及卷15〈子由將赴南都……〉詩序。
㉜　《蘇軾詩集》卷15〈初別子由〉。

其實弟弟又何嘗不知道兄長對自己的維護與提攜？所以子由會說：

> 自信老兄憐弱弟，豈關天下少良朋。㉞

兄弟兩人的相知相惜，情見乎辭！

宋哲宗元年（公元1086年），東坡兄弟相繼被召還朝，都獲得重用，東坡任翰林學士，子由任中書舍人，又轉戶部侍郎。但新的政治風暴正逐漸形成。子由心中有很深的感慨，趁在朝廷值夜時寫了兩首詩給東坡，第二首一開始就說：

> 射策當年偶一時，對床夜雨失前期。㉟

似乎對於未來能否實現「夜雨對床」的約定開始懷疑。兩年後的五月一日，兄弟同時輪到「轉對」㊱。當時政局已對兄弟二人不利，東坡且曾一再請求外調，如今有機會向皇帝當面陳述改革意見，自然是很好的機會，但後果如何，實難預料。子由又作詩說：

> 羸病不堪金束腰，永懷江海舊漁樵。對床貪聽連夜雨，奏事驚同朔旦朝。大耋功名元自異，中茅服食舊相邀。

㉝ 見《全宋文》卷2100〈亡兄子瞻端明墓誌銘〉。
㉞ 《全宋詩》卷849〈次韻子瞻秋雪見寄二首之2〉。
㉟ 《全宋詩》卷862〈後省初成直宿呈子瞻二首〉之2。
㊱ 朝臣輪流晉見皇帝極言時政缺失的制度。

一封同上憐狂直，詔許昌言賴有堯。㊲

在朝廷身居要職，卻心在魚樵，懷念起當年與東坡夜雨聯床的往事。東坡當然知道子由的心意，次韻說：

> 跪奉新書笏在腰，談王正欲伴耕樵。晉陽豈為一門事，宣政聊同五月朝。憂患半生聯出處，歸休上策早招邀。後生可畏吾衰矣，刀筆從來錯料堯。㊳

子由的恬靜與東坡的倔強不平也很清楚的可以看出，而兄弟二人當時似乎都充滿了及早退隱歸休的意念。但是世事難料，又身不由己，也不過是五六年間的事，當皇太后崩逝、宋哲宗親政後，政局大變，東坡兄弟在這一次的風暴中終於無法脫身，真正受到了強狠的政治迫害。

東坡去世了，子由「對床夜雨失前期」的話不幸成真，留給子由的只是「對床定悠悠，夜雨空蕭瑟」的淒冷。子由悲切的說出了心中的悔恨：

> 昔始宦遊，誦韋氏詩。夜雨對床，後勿有違。
> 進不知退，踐此禍機。欲復斯言，而天奪之。㊴

2002年7月28日

㊲ 《全宋詩》卷863〈五月一日同子瞻轉對〉。
㊳ 《蘇軾詩集》卷30。
㊴ 《全宋文》卷2103〈再祭亡兄端明〉。

古今如夢，何曾夢覺
——東坡的夢裏乾坤

一、了然非夢亦非覺

「夢」，每個人都應該有過的經驗，換句話說，應該是沒有人不曾作過夢的。那麼「夢」這個字的意思究竟是什麼呢？《說文解字》說：「夢，不明也，從夕瞢省聲。」雖然一些古書裏也分別有所解釋，如：《墨子、經、上》篇說：「夢，臥而以爲然也。」《列子、周穆王》篇說：「神遇爲夢」。但因爲它的本義被解釋爲「不明」，於是「夢」給人的認知就包含了「空想」、「想像」、「昏亂」、「沒有分別」等等含有「不清礎」意思的內涵。

然而「夢」又是怎麼發生的呢？我們常說「日有所思，夜有所夢」，這話最早見於《列子、周穆王》篇的「晝想夜夢」。照古人的說法，這只是產生夢的六個原因中的一個。《周禮、春官、占夢》篇說：「一曰正夢，二曰噩夢，三曰思夢，四曰

寤夢,五日喜夢,六日懼夢。」根據漢代大儒鄭玄的解釋:「無所感動,平安而夢」叫作「正夢」;「驚愕而夢」叫作「噩夢」;「覺時所思,念之而夢」叫作「思夢」;「覺時道之而夢」叫作「寤夢」,「喜悅而夢」叫作「喜夢」,「恐懼而夢」叫作「懼夢」。古人對「夢」的成因,已經有如此精細的分析,也可見作「夢」實在是生而為人無可逃避的「夢魘」。

　　既然人都不能逃避的要作夢,那麼人們又希望作什麼樣的夢呢?有一首詩說:「大夢誰先覺?平生我自知;草堂春睡足,窗外日遲遲。」這首詩是許多人都熟悉的。這「大夢」是不是什麼樣偉大的夢呢?首先提出「大夢」一詞的人是戰國時代的大思想家莊子,《莊子、齊物論》篇曾說:「夢飲酒者,旦而哭泣;夢哭泣者,旦而田獵。方其夢也,不知其夢也。夢之中又占其夢焉,覺而後知其夢也。且有大覺而後知此其大夢也,而愚者自以為覺,竊竊然知之。」莊子以為夢跟現實是不能一致的,你在夢中喝酒,很痛快,可是醒來以後,面對殘酷的現實,卻只有痛哭流涕的分。人生不過是一場「大夢」,死才是「大覺」。這是莊子對人生的一種詮釋,境界很高,事實上很難做到。前面引的四句詩,是《三國演義》的作者假借諸葛孔明的口寫自己心中塊壘的話(見第38回〈劉備三顧茅廬初會孔明〉),孔明當時不求聞達,高臥隆中,這才有「草堂春睡」、「窗日遲遲」的清閒自在,其實這也是自古以來自以為懷才不遇或生不逢辰的人自我解嘲的大話。後人借題發揮,其中胡盧,大概也只有自己悶在心裏了!

・古今如夢，何曾夢覺——東坡的夢裏乾坤・

蘇東坡既是才情超邁的人，一生遭遇又是「多采多姿」，當然有一些比常人更精采的「夢」；首先，自然要了解他對「夢」的詮釋，東坡曾經給「曇秀上人」的居室取名「夢齋」，要弟弟子由寫〈夢齋銘〉，他自己寫敘，敘說：

> 至人無夢。或曰：「高宗、武王、孔子皆夢，佛亦夢。夢不異覺，覺不異夢，夢即是覺，覺即是夢。此其所以爲無夢也歟？」衛玠問夢於樂廣，廣對以「想」；曰：「形神不接而夢，此豈想哉？」對曰：「因也」。或問「因」之說。東坡居士曰：「世人之心，依塵而有，未嘗獨立也。塵之生滅，無一念住。夢覺之間，塵塵相受。數傳之後，失其本矣。則以爲形神不接，豈非因乎！人有牧羊而寢者，因羊而念馬，因馬而念車，因車而念蓋，遂夢曲蓋鼓吹，身爲王公。夫牧羊之與王公，亦遠矣，想之所因，豈足怪乎？居士始與芝相識於夢中，旦以所夢求而得之，今二十四年矣，而五見之，每見則相視而笑，不知是處之爲何方，今日之爲何日，我爾之爲何人也。」題其所寓室曰「夢齋」，而子由爲之銘。❶

「高宗」是商湯，與周武王、孔子都是儒家的聖人；釋迦牟尼

---

❶ 《蘇軾文集》卷19。子由銘文見《全宋文》卷2097。。題作〈夢齋頌〉，敘云：「曇秀上人遊行無定，予兄子瞻作「夢齋」二字名其所至居室。爲作頌曰。」

佛當然也是聖人,所以他們的「夢」與「覺」並沒有不同。不過,孔子確實也感嘆過「久矣吾不復夢見周公。」晉代時衛玠與樂廣的對答,見《世說新語‧文學》篇:

> 衛玠總角時問樂令「夢」。樂云:「是想」。衛曰:「形神所不接而夢,豈是想耶?」樂云:「因也。未嘗夢乘車入鼠穴,擣虀噉鐵杵,皆無想無因故也。」衛思「因」,經日不得,遂成病。樂聞,故命駕爲剖析之。衛既小差。樂歎曰:「此兒胸中當必無膏肓之疾!」

衛玠還只是個小孩,卻因爲樂廣沒有把「因」的道理說清楚,自己又想不通,竟然得病。樂廣得知,專程去向衛玠解說一番,衛玠的病才好了些。但樂廣是怎麼解釋「因」,《世說新語》並沒有交代,因此東坡就自問自答並舉例說明一番。東坡所說的「塵」,應該是《圓覺經》所謂「根塵虛妄」的「塵」,也就是與六根「眼耳鼻舌身意」相應的「色聲香味觸法」。人的認知,既隨「塵」而變,而「塵」則旋生旋滅,變異多端,經一再變異的結果,與原先所產生的認知已全然無涉,所以有牧羊者夢中成爲王侯的弔詭演變。東坡的說法顯然是《莊子》與佛家的結合,而「夢覺之間」塵塵相受的觀念,自然就形成了「覺即是夢,夢即是覺」論點,此所以「人生如夢」的表述會大量出現在東坡的作品中,❷並且借用了韓愈「須著人間比夢

---

❷ 特別見於詞作中,東坡詞作三分之一有泛說「人生如夢」者。

間」的話語，表達自己的想法！❸

二、須著人間比夢間

東坡曾有〈石芝〉詩，敘文說：

> 元豐三年五月十一日癸酉，夜夢遊何人家。開堂西門，有小園古井。井上皆蒼石。石上生紫藤如龍蛇，芝葉如赤箭。主人言，此石芝也。余率爾折食一枝，眾皆驚笑。其味如雞蘇而甘，明日作此詩。

元豐三年（公元1080年），東坡四十五歲，這年五月，東坡被貶黃州才五個月，到黃州才三個多月，當時還寄住在「定惠院」，竟作了這麼一個奇特的「夢」。「何人家」，是不能確指是哪個人家。「石芝」生在古井蒼石上，東坡聽主人說後，竟不待主人可否就折一枝品嚐，味道甘潤可口。天明後就寫下了這麼一首詩：

> 空堂明月清且新，幽人睡息來初勻。了然非夢亦非覺，有人夜呼祁孔賓。披衣相從到何許，朱欄碧井開瓊戶。

---

❸ 見〈南鄉子〉「何處倚欄杆」詞。此詞爲集句。全詞十句，除上片「依然」下片「更闌」外，集杜牧「何處倚欄杆」「絃管高樓月正圓」，崔塗「蝴蝶夢中家萬里」杜甫「老去愁來強自寬」爲上片。李商隱「明鏡借紅顏」韓愈「須著人間比夢間」李商隱「蠟燭半籠金翡翠」「繡被焚香獨自眠」。雖係戲筆，亦自有其用意也。

・東坡的心靈世界・

> 忽驚石上堆龍蛇，玉芝石筍生無數。鏘然敲折青珊瑚，味如蜜藕和雞蘇。主人相顧一撫掌，滿堂坐客皆盧胡。亦知洞府嘲輕脫，終勝嵇康羨王烈。神山一合五百年，風吹石髓堅如鐵。❹

詩的頭四句說明東坡已然入睡且鼻息平穩時，卻仍有「非夢非覺」的自知，突然聽到有人呼叫的聲音，❺就起身披衣跟隨而去，而後到了「何人家」，看到「石芝」，並折食一枝。結四句用道家仙人掌故，自嘲雖率爾折食石芝，惹人「盧胡」而笑，但終比嵇康之徒然羨慕王烈嚼食石髓爲幸，且可長壽也。❻

對於這個夢，東坡自己都認爲是「異夢」，寫信告訴好友陳慥季常，陳季常還特地寫文章贊詠一番，使東坡有「證成仙果」的喜悅。❼這個夢，假藉高士與神仙傳說，以寄託初貶

---

❹ 《蘇軾詩集》卷20。

❺ 《晉書・祁嘉傳》：「字孔賓，清貧好學，年二十餘，忽窗中有聲呼曰：祁孔賓，祁孔賓，隱去來，隱去來。修飾人世，甚苦不可諧，所得未毛銖，所喪如山崖。旦而逃去。」東坡初貶，心中必有所憾，借祁孔賓以自喻。

❻ 查註引《神仙傳》云：「王烈，字長休。嵇叔夜甚敬愛之。烈獨之太行山中，見山破，石裂數百丈，兩畔皆是青石，石中有一穴，青泥流出如髓。烈取泥試丸之，隨手堅凝，氣如粳米飯，嚼之。因攜少許與叔夜，叔夜取而視之，已成青石，擊之，錚錚如銅聲。叔夜即與烈往視之，斷山已復如故。」又：「王烈語弟子曰：《神仙經》云：神山五百年輒開，其中石髓出，得而服之，壽與天相畢。」

❼ 東坡原書與陳季常文皆已不傳，惟東坡有覆陳季常書云：「及承雄篇贊詠，異夢證成仙果，甚喜幸也。某雖竊食靈芝，……。」（《蘇軾文集》卷53），應是爲此而作。參《蘇文忠公詩編注集成》卷26。

・古今如夢，何曾夢覺——東坡的夢裏乾坤・

時的落寞情懷，似乎就成了日後東坡許多夢境的張本。而且，這本來是異夢一場，不想異夢竟會成眞，十四年後，眞的有朋友送「石芝」給東坡，而且一送就是一籃。當時東坡與子由兄弟都在京師，兄弟同時眞正領受「石芝」的異味。子由有〈次韻石芝〉詩，詩引說：

> 子瞻昔在黃州，夢遊人家，井間石上生紫藤，枝葉如赤箭，主人言此「石芝」也，折而食之，味如雞蘇而甘，起賦八韻記之。元祐八年，予與子瞻皆在京師，客有至自登州者，言海上諸島，石向日者多生耳，海人謂之「石芝」，食之味如茶，久而益甘。海上幽人或取服之，言甚益人。以一籃遺子瞻。遂次前韻。
> 雞鳴東海朝日新，光蒙洲島霧雨勻。一晞石上遍生耳，幽子自食無來賓。寄書乞取久未許，箬籠蕉囊海神戶。一掬誰令墮我前，無爲知我超其數。此身不願清廟瑚，但願歸去隨樵蘇。龜龍百歲豈知道，養氣千息存其胡。塵中學仙定難脫，夢裏食芝空酷烈。中山軍府安得閒，更試朝霞魔鏡鐵。❽

東坡得了子由詩，也再作了一首，詩敘說：

> 余嘗夢食石芝，作詩記之。今乃眞得石芝於海上，子由

---

❽ 《全宋詩》卷865蘇轍17。

和前詩見寄。予頃在京師,有鑿井得如小兒手以獻者,臂指皆具,膚理若生。予聞之隱者,此肉芝也。與子由烹而食之。追記其事,復次前韻。

敘中所說「今乃眞得石芝於海上」的話,東坡也有解釋說:

中山教授馬君,文登人也。蓋嘗得石芝食之,故作此詩,同賦一篇。目昏不能多書,令小兒執筆,獨題此數字。❾

「文登」指登州,州治在今山東蓬萊。東坡曾於元豐八年(公元1085年)六月知登州,十月十五日到任,二十日即以「禮部郎中」召回朝廷。雖在任只五天,但於登州之地理環境多有認識。日後曾有〈北海十二石記〉一文說:

登州下臨大海,目力所及,沙門、鼉磯、車牛、大竹、小竹凡五島。惟沙門最近,兀然焦枯。其餘皆紫翠巘絕,出沒濤中,眞神仙所宅也。上生石芝,草木皆奇瑋,多不識名者。❿

此記爲吳子野而作,自署時間爲「元祐八年八月十五日」,是亦與後一首〈石芝詩〉同時作。則子由詩序中所提送一籃「石芝」給東坡的就是文登人「中山教授馬君」了。東坡不但眞的

---

❾ 〈書石芝詩後〉(《蘇軾文集》卷68)案據《蘇軾文集》的排列,此跋作成時間應在元祐八年,故係爲此詩而作。

❿ 《蘇軾文集》卷12。

享用到了「石芝」，更有「肉芝」，因此他的詩就寫「肉芝」：

> 土中一掌嬰兒新，爪指良是肌骨勻。見之怖走誰敢食，
> 天賜我爾不及賓。旌陽遠遊同一許，長史玉斧皆門户。
> 我家韋布三百年，祇有陰功不知數。跪陳八簋加六瑚，
> 化人視之眞塊蘇。肉芝烹熟石芝老，笑唾熊掌嚬雕胡。
> 老蠶作繭何時脫，夢想至人空激烈。古來大藥不可求，
> 眞契當如磁石鐵。⓫

由夢中食「石芝」到眞得石芝，又得「肉芝」，「夢間」與「人間」又和異哉！這一段「石芝」夢，才算有了了結！

三、應夢果然眞羅漢

元豐四年（公元1081年）正月二十一日，東坡又作了個很奇特的夢，他在〈應夢羅漢記〉中說：

> 予將往歧亭，宿於團封，夢一僧破面流血，若有所訴。明日至歧亭，過一廟，中有阿羅漢像，左龍右虎，儀制甚古，而面爲人所壞，顧之惘然，庶幾疇昔所見乎！遂載以歸，完新而龕之，設于安國寺。四月八日，先妣武陽君忌日，飯僧于寺，乃記之。⓬

⓫ 《蘇軾詩集》卷37。
⓬ 《蘇軾文集》卷12。

又見於〈雜記〉，大致相同而可以互參：

> 僕往歧亭，宿於團封，夢一僧破面流血，若有所訴。明日至歧亭，以語陳慥季常，皆莫曉其故。僕與慥入山中，道左有廟，中，神像之側，有古塑阿羅漢一軀，儀狀甚偉，而面目為人所壞。僕尚未覺，而慥忽悟曰：「此豈夢中得乎？」乃載以歸，使僧繼蓮命工完新，遂置之安國院。左龍右虎，蓋第五尊者也。❸

〈雜記〉中提到的陳慥正是居住在歧亭的東坡好友陳季常，東坡這個夢是有人證的！而第五尊者果然是真羅漢呢！

除了尊者羅漢入夢乞援外，有幾位名僧上人，是東坡的好友，生前或圓寂後也紛來入夢，先要說的是參寥子，參寥子，俗姓何，喜為詩，東坡稱其詩「無一點蔬筍氣」，又曾為作「參寥子真贊」，極稱述其為人。❹東坡曾在夢中與參寥談詩，參寥所作詩句，九年後竟然應驗！東坡說：

> 余謫居黃，參寥子不遠千里從余於東坡，留期年。嘗與同遊武昌之西山，夢相與賦詩，有「寒食清明」、「石泉槐火」之句，語甚美而不知其所謂。其後七年，余出

---

❸ 《蘇軾文集》卷72。
❹ 贊云：「維參寥子，身寒而道富，辯於文而訥於口，外尪柔而中健武，與人無競，而好刺譏朋友之過；枯形灰心，而喜為感時玩物不能忘情之語。此余所謂參寥子有不可曉者五也。」

・古今如夢，何曾夢覺——東坡的夢裏乾坤・

守錢塘，參寥子在焉。明年，卜智果精舍居之。又明年，新居成，而余以寒食去郡，實來告行。舍下舊有泉，出石間，是月又鑿石得泉，加冽。參寥子撷新茶，鑽火煮泉而淪之，笑曰：「是見於夢九年，衛公之為靈也久矣。」坐人皆悵然太息，有知命無求之意。乃名之「參寥泉」，為之銘曰：在天雨露，在地江湖。皆我四大，滋相所濡。偉哉參寥，彈指八極。退守斯泉，一謙四益。余晚聞道，夢幻是身。真即是夢，夢即是真。石泉槐火，九年而信。夫求何神。實弊汝神。⓯

另外在〈夢寐〉一文中也有類似記載，可以互補：

昨夜夢參寥師攜一軸詩見過，覺而記其飲茶詩兩句云：「寒食清明都過了，石泉槐火一時新。」夢中問：「火固新矣，泉何故新？」答曰「：俗以清明淘井。當續成詩以記其事。」⓰

「真即是夢，夢即是真」，人世間的許多遇合，往往也只能換來一番悵然太息吧！

東坡有一回同時夢見許多僧人，其中海月惠辯與辯才兩位特別被提及，東坡如是說：

余在黃州，夢至西湖上，有大殿榜曰「彌勒下生」，而

⓯ 《蘇軾文集》卷19〈參寥泉銘并敘〉。
⓰ 四庫全書本《東坡全集》卷101。

・169・

故人辯才、海月之流,皆行道其間。師沒後二十一年,余謫居惠州❼⋯⋯⋯⋯

〈雜記〉中有同一事而記載較詳:

> 僕在黃州,夢至西湖上。夢中亦知其爲夢也。湖上有大殿三重,其東,一殿題其額云「彌勒下生」。夢中云:「是僕昔年所書。」眾僧往來行道,大半相識,辯才、海月皆在,相見驚喜。僕散衫策杖,謝諸人曰:「夢中來遊,不及冠帶。」既覺忘之。明日得芝上人信,乃復理前夢,因書以寄之。❽

釋惠辯(公元1014-1073年)字訥翁,號海月大師,俗姓富,江蘇華亭人。十九歲受戒,道行俱高。在東坡眼中,海月是一個「清通端雅,外涉世而中遺物」、「神宇澄穆,不見慍喜」的高僧,東坡初到杭州擔任通判時,「年壯氣盛,不安厥官」,卻常常去見海月大師,「清坐相對,時聞一言,則百憂冰解,形神俱泰。」從海月身上,東坡得到許多了悟,而海月亦以東坡爲知己,圓疾前交代要等東坡到來才封棺。東坡被貶黃州時,夢見海月,到了惠州給海月寫「眞贊」,海月已死二十一年了。東坡的贊語是這寫的:

---

❼ 《蘇軾文集》卷22〈海月辯公眞贊并敍〉。
❽ 《蘇軾文集》卷72〈夢彌勒殿〉。又見《四庫全書》本《東坡全集》卷101〈夢寐〉。

人皆趨世,出世者誰?人皆遺世,世誰爲之?爰有大士,處此兩間。非濁非清,非律非禪。維是海月,都師之式。庶復見之,眾縛俱脫。我夢西湖,天宮化城。見兩天竺,宛如平生。雲披月滿,遺像在此。誰其贊之?惟東坡子。

東坡在黃州夢見海月時,海月已死去八年了,當時同時入夢的是辯才。辯才(公元1011-1091年)法名釋元淨,字無象,俗姓徐,江蘇於潛人。十歲出家,二十五歲賜辯才號。東坡次子蘇迨生四歲仍不能行,經辯才爲摩頂而後如常兒,因此東坡特作詩稱謝,說「我有長頭兒,角頰峙犀玉。四歲不知行,抱負煩背腹。師來爲摩頂,起走趁奔鹿。」[19] 東坡有〈辯才大師眞贊〉說:

余頃年長聞妙法於辯才老師,今見其畫像,乃以所聞者贊之:即之浮雲無窮,去之明月皆同。欲知明月所在,在汝唾霧之中。

雖語含禪機,於辯才之讚揚自見。這兩位大師之入東坡夢中,確實不是偶然的!此外,與僧佛有關的夢,其一爲:

數日前,夢一僧出二鏡求詩,僧以鏡置日中,其影甚異,其一如芭蕉,其一如蓮花。夢中與作詩:
君家有二鏡,光影如湛盧。或長如芭蕉,或圓如芙蕖。
飛電著子壁,明月入我廬。月下合三璧,日月跳明珠。

---

[19] 《蘇軾詩集》卷9。

・東坡的心靈世界・

> 問子是非我，我是非文殊。❷

「湛盧」是歐冶所煉鑄的五把劍的第一把。末句「我是非文殊」，是用《楞嚴經》的話：

> 如汝文殊，更有文殊，是文殊者爲無文殊。如第二月，誰爲是月，又誰非月，又於自心現大圓鏡。

「是文殊、非文殊」、「是月、非月」即如「是我非我」、「是夢非夢」。

其二則：

> 昨日夢人告我云：「知眞饗佛壽，識妄喫天廚。」余甚領其意。或曰：「眞即饗佛壽，不妄喫天廚？」余曰：「眞即是佛，不妄即是天，何但饗而喫之乎！」其人甚可余言。❷

夢中與人談論佛教經義，應該是平日沉思有得而見於夢吧！

還有一個夢竟然是兄弟兩人與和尙同吃舍利子卯塔的，東坡說：

> 明日兄之生日，昨夜夢與弟同自眉入京，行利州峽，路見二僧，其一僧鬚髮皆深青，與同行。問其向去災福。

---

❷ 《蘇軾詩集》卷47。
❷ 《蘇軾文集》卷68〈記夢中句〉。又見《四庫全書》本《東坡全集》卷101〈夢寐〉。

云：向去甚好無災。問其京師所需，要好珠砂五六錢，又手擎一小卵塔云：中有舍利。兄接得卵塔自開，其中舍利粲然如花。兄與弟請吞之。僧遂分爲三分。僧先吞，兄弟繼吞之，各一兩，細大不等，皆明瑩而白，亦有飛迸空中者。僧言本欲起塔卻喫了。弟云吾三人肩上各置一小塔便了。兄言吾等三人便是三所無縫塔，僧笑。遂覺。覺後胸中喧喧然，微似含物，夢中甚明，故閒報爲笑耳。書遺子由。㉒

這夢簡直太過離奇，正不知是東坡什麼時候在什麼樣的背景下產生的夢！

四、羽衣入夢自翩躚

東坡八歲入小學，他的啓蒙老師是道士張易簡，東坡跟張道士學了三年。五十三年後，東坡在海南夢見了張道士，在夢中與張道士師徒論道：

> 眉山道士張易簡教小學，常百人，予幼時亦與焉。居天慶觀北極院，予蓋從之三年。謫居海南，一日夢至其處，見張道士如平昔，汛治庭宇，若有所待者。曰：「老先生且至。」其徒有誦《老子》者曰：「玄之又玄，眾妙

㉒ 四庫全書本《東坡全集》卷101〈夢寐〉。

之門。」予曰:「妙一而已,容有眾乎?」道士笑曰:「一已陋矣,何妙之有!若審妙也,雖眾可也。」因指洒水薙草者曰:「是各一妙也。」予復視之,則二人者手若風雨,而步中規矩,蓋渙然霧除,霍然雲散。予驚歎曰:「妙蓋至此乎!庖丁之理解,郢人之鼻斲,信矣!」二人者釋技而上,曰:「子未睹真妙,庖、郢非其人也。是技與道相半,習與空相會,非無挾而徑造者也。子亦見乎蜩與雞乎?夫蜩登木而號,不知止也。夫雞俯首而啄,不知仰也。其固也如此。然至蛻與伏也,則無視無聽,無饑無渴,默化於荒忽之中,候伺於毫髮之間,雖聖智不及也。是豈技與習之助乎?」二人者出。道士曰:「子少安,須老先生至而問焉。」二人者顧曰:「老先生未必知也,子往見蜩與雞而問之,可以養生,可以長年。」廣州道士崇道大師何德順,學道而至於妙者也。作堂榜曰眾妙,以書來海南求文以記之。予不暇作也,獨書夢中語以示之。戊寅三月十五日蜀人蘇軾書。㉔

文中所稱的老先生,應當就是指「老子」,東坡藉蜩與雞之天性,以發揮莊子「無待」與「養生」之精義,並展現自己的體道有得,豈真有其夢耶!

　　東坡之夢見道士,最受人注意的應是〈後赤壁賦〉中的

㉔ 《蘇軾文集》卷11〈眾妙堂記〉。

敘述：

> 時夜將半，四顧寂寥，適有孤鶴，橫江東來。……須臾客去，余亦就睡，夢一道士，羽衣翩躚，過臨皋之下，揖余而言曰：「赤壁之遊樂乎！」❷

這位羽衣翩躚的道士，究竟是否東坡所看到先前「橫江而來」的孤鶴的化身，學者多有討論，此不具引。東坡蓋託諸夢幻以見赤壁一遊的了悟。

東坡到惠州第二年的十一月上旬，夢中與人談神仙道術，並且寫了八句詩，醒後只記得前四句，於是續成八句，寄給子由。詩是這麼寫的：

> 析塵妙質本來空（自注：夢中於此句若了然有所得者），更積微陽一線功。照夜一燈長耿耿，閉門千息自濛濛。養成丹灶無煙火，點盡人間有暈銅。寄語山神停技倆，不聞不見我何窮。❷

紀昀以為「此只可入說部作談柄耳」。東坡兄弟遭政治迫害，當權者騁其技倆，猶如山神之變幻無常，應付之道，唯有不見不聞不思，則其技倆自敗。東坡或正假託神仙道術之夢，欲與子由互勉。

---

❷ 《蘇軾文集》卷1。
❷ 《蘇軾詩集》卷39〈十一月九日，夜夢與人論神仙道術，因作一詩八句。既覺，頗記其語，錄呈子由弟。後四句不甚明了，今足成之耳。〉

神仙道術之說，又與服食相關連。東坡一生爲痔所苦，聽道士之言，「去滋味，絕薰血，以清淨勝之。」故多食茯苓、胡麻㉖。又夢中得道士指點，再參稽《本草》，確認胡麻即脂麻。於是作〈服胡麻賦〉，東坡敘說：

> 始余嘗服伏苓，久之良有益也。夢道士謂余：「伏苓燥，當雜胡麻食之。」夢中問道士：「何者爲胡麻？」道士曰：「脂麻是也。」既而讀《本草》，云：「胡麻，一名狗蝨，一名方莖，黑者爲巨勝。其油正可作食。」則胡麻之爲脂麻，信矣！又云：「性與伏苓相宜」，於是始異斯夢，方將以其說食之。而子由賦伏苓以示余。乃作〈服胡麻賦〉以答之。世間人聞服脂麻以致神仙，必大笑。求胡麻而不可得，則妄指山苗野草之實以當之。此古所謂道在邇而求諸遠者歟？㉗

敘末又借題發揮一番。東坡另有〈服茯苓法〉一文，說明胡麻與茯苓如何熬煮食用而有奇效。㉘

五、覺來幽夢何人說

東坡一生三娶，與元配王弗有十一年夫妻之情，神宗熙

㉖ 見《蘇軾文集》卷64〈藥誦〉。
㉗ 《蘇軾文集》卷1。
㉘ 《蘇軾文集》卷73。

・古今如夢，何曾夢覺——東坡的夢裏乾坤・

寧八年乙卯（公元1075年），東坡到山東密州上任剛過了年，夢見了逝去已經十年的王弗，寫下了一闋動人的悼亡詞〈江城子〉：

> 十年生死兩茫茫。不思量。自難忘。千里孤墳、無處話淒涼。縱使相逢應不識，塵滿面，鬢如霜。　夜來幽夢忽還鄉。小軒窗。正梳妝。相顧無言、惟有淚千行。料得年年腸斷處，明月夜，短松岡。

王弗十六歲嫁東坡為妻，五年而生子蘇邁，十一年而卒於京師，年僅二十七歲。東坡此詞真摯樸實，沉痛感人，可以看出他對王弗深厚的情意，而這個夢也絕對是真實的夢。

有些夢的主體會重複出現，但場景與對象則略有不同，譬如說下引三篇文字，講的是兩篇銘文，時間與對象卻有出入；首先是元豐五年的記事：

> 軾初自蜀應舉京師，道過華清宮。夢明皇令賦太真妃裙帶詞，覺而記之。今書贈何山潘大臨斂老云：「百疊漪漪風皺，六銖縰縰雲輕。植立含風廣殿，微聞環珮搖聲。」
> 元豐五年十月七日

「自蜀應舉京師」早在東坡二十一歲時，夢中所見的是唐明皇，東坡受唐明皇命賦楊貴妃的裙帶。元豐五年東坡四十七歲，已經相隔二十六年了。

其次是追記初到杭州的夢境：

· 東坡的心靈世界 ·

> 軾倅武林日,夢神宗召入禁中,宮女圍侍,一紅衣女童,捧紅靴一隻,命軾銘之。覺而忘之。記其一聯云:「寒女之絲,銖積寸累。天步所臨,雲蒸霧起。」既畢,進御,上極歎其敏,使宮女送出,睇視裙帶間,有六言詩一首云:「百疊漪漪風皺,六銖縰縰雲輕。獨立含風廣殿,微聞環珮來聲。」㉙

東坡在杭州擔任通判是三十六歲到三十九歲間的事,夢見宋神宗召他進宮,為紅靴作銘,卻夾帶了〈裙帶詞〉。

第三次則是在黃州作夢,說得也簡要:

> 余在黃州時,夢神考召入小殿賜宴,乃令作〈宮人裙銘〉,又令作〈御靴銘〉:
> 百疊漪漪風皺,六銖縰縰雲輕。獨立含風廣殿,微聞環珮來聲。
> 寒女之絲,銖積寸累。天步所臨,雲蒸霧起。㉚

東坡在黃州前後五年,夢見的是宋神宗賜宴,然後要他寫兩篇銘文。同一件事在三個不同的時間地點重複見夢,由唐明皇、楊貴妃到宋神宗與小宮女,這夢也太特別了!

元豐四年(1081)的十二月二十五日,東坡的夢中有人用雪水烹小團茶,讓美人唱歌而飲茶,而自己也作了回文詩,可

㉙ 《蘇軾文集》卷7。
㉚ 《蘇軾文集》卷66〈書夢中靴銘〉。

是醒來後只記得「亂點餘花唾碧衫」一句，於是就寫了兩首回文絕句詩。〈記夢回文〉的詩敘說：

> 十二月二十五日，大雪始晴。夢人以雪水烹小團茶，使美人歌以飲。余夢中爲作〈回文〉詩，覺而記其一句云：「亂點餘花唾碧衫。」意用飛燕唾花故事也。乃續之，爲二絕句云。

> 酡顏玉碗捧纖纖，亂點餘花唾碧衫，歌咽水雲凝靜院，夢驚松雪落空巖。

> 空花落盡酒傾缸，日上山融雪漲江。紅焙淺甌薪火活，龍團小碾鬥晴窗。

「飛燕唾花」故事，據注引《趙飛燕外傳》：

> 后與其妹婕妤坐。后誤唾婕妤袖。婕妤曰：「姊唾染人紺袖，正似石上花。假令尚方爲之，未能如此衣之花。」

東坡自以爲夢中的那句詩就是用的這個典故。趙飛燕的妹妹忒會恭維姊姊，一口口水吐到自己衣袖上，竟然染成了石上花，連宮中的裁縫都不能製作出來。東坡夢中作詩，這一回只記得一句，卻能用這一句衍成兩首絕句，當然是高才的表現。這兩首絕句倒眞寫的是夢境，是由「大雪始晴」而產生的聯想吧！

元豐六年（公元1083年）十二月二十七日，天快亮的時候，東坡作了個夢：

> 夢數吏人持紙一幅，其上題云「：請祭春牛文。」予取筆疾書其上云：「三陽既至，庶草將興，爰出土牛，以備農事。衣被丹青之好，本出泥塗，成毀須臾之間，誰爲喜慍。」吏微笑曰：「此兩句復當有怒者。」旁一吏云：「不妨，此是喚醒他。」㉛

這時東坡被貶黃州已經是第四年了，祭春牛文的前半是實寫，後四句卻明顯的是藉牛發揮，抒發心中的怫鬱之氣。

元豐七年三月，東坡獲赦量移汝州，九月十九日抵鎭江金山寺，看望他的方外好友佛印（釋了元，1032-1098），二十日，以玉帶施予金山寺。這期間東坡作了一個夢，夢中寫了一首絕句：

> 江東賈客木棉裘，會散金山月滿樓。夜半潮來風又熟，臥吹簫管到揚州。㉜

紀昀說：「此有感而託之夢作耳，一氣渾成，自然神到。」所謂「有感」，或者是對商賈漂泊生涯及苦中作樂生活的感慨，仕宦者之生涯與生活一如商賈，風波不定，惟有「潮來風熟」時，才能有「臥吹簫管」的輕快心情。東坡此時雖已量移汝州，但卻請求能在常州居住，可否如願，猶不可知，心中必有諸多感慨也！

㉛ 四庫全書本《東坡全集》卷101〈夢寐〉。
㉜ 《蘇軾詩集》卷24〈金山夢中作〉。

・古今如夢，何曾夢覺——東坡的夢裏乾坤・

同一件事情，連續兩天入夢，時間或夜或晝，人物或古或今，彈琴誦詩，如此情狀，令人難以知曉究竟是真夢或託夢以發議論；東坡在哲宗元祐六年（公元1091年）三月十九日晚上及二十日白天連續作夢，東坡說：

> 舊說，房琯開元中嘗宰盧氏，與道士邢和璞出遊，過夏口村，入廢佛寺，坐古松下。和璞使人鏊地，得甕中所藏婁師德與永禪師書，笑謂琯曰：「頗憶此耶？」琯因憮然，悟前身之爲永師也。故人柳子玉寶此畫，云是唐本，宋復古所臨者。元祐六年三月十九日，予自杭州還朝，宿吳松江，夢長老仲殊挾琴過余，彈之有異聲。就視，琴頗損，而有十三絃。予方嘆息不已。殊曰：「雖損，尚可修。」曰：「奈十三絃何？」殊不答，誦詩云：「度數形名本偶然，破琴今有十三絃。此生若遇邢和璞，方信秦箏是響泉。」予夢中了然，識其所謂，既覺而忘之。明日，晝寢，復夢殊來理前語，再誦其詩。方驚覺而殊適至，意其非夢也，問之殊，蓋不知。是歲六月，見子玉之子子文京師，求得其畫，乃作詩并書所夢其上。子玉，名瑾，善作詩及行草書。復古，名迪，畫山水草木，蓋妙絕一時。仲殊本書生，棄家學佛，通脫無所著，皆奇士也。

詩則是：

> 破琴雖未修，中有琴意足。誰云十三絃，音節如佩玉。
> 新琴空高張，絲聲不附木。宛然七絃箏，動與世好逐。
> 陋矣房次律，因循墮流俗。懸知董庭蘭，不識無絃曲。㉝

這個夢牽涉到南朝陳代的名僧智永，唐代宰相婁師德，房琯，道士邢和璞，當代的柳瑾、宋迪及和尚仲殊等，又是修琴，又涉及前身後身的問題，相當複雜，王文誥說：「琴夢房圖，渺不相涉，即以邢、董牽合，義不可通，此蓋有難言事，欲後人發明之耳！」王氏也將此詩與當時朝廷中的政爭牽合，以求有所「發明」。或可提供參考。

在夢中和古人論事，無獨有偶，有一次夢到的是漢代三位四川人，東坡說：

> 夜夢嚴君平、司馬相如、揚子雲合席而坐。子雲云：「長卿久欲求公作畫贊。」余辭以罪戾之餘，久廢筆硯。子雲懇祈，不獲已爲之。既成，子雲戲余曰：「三賦果足以重趙乎？」余曰：「三賦足以重趙，則子之《太玄》果足以重趙乎？」爲之一笑而散。其贊曰：
> 長卿有意，慕藺之勇。言還故鄉，閭里是聳。景星鳳凰，以見爲寵，煌煌三賦，可使趙重。㉞

「三賦」是指司馬相如所作〈子虛〉、〈上林〉、〈長門〉三

㉝ 《蘇軾詩集》卷33〈破琴詩并敍〉。
㉞ 《蘇軾文集》卷21〈夢作司馬相如求畫贊并敍〉。

賦；〈太玄〉則指揚雄所著《太玄經》。司馬相如與揚雄都是一時文宗，顏君平名遵，以字行，在成都賣卜，卻是真正飽學的隱士，精於《易》《老子》，揚雄年少時曾受教於他，著有《老子指揮》。東坡與這三位蜀地了不起的前賢合席而坐，且與揚雄有所交涉，爲司馬相如寫贊。看來真似一夢，但仔細推敲，則正表示東坡對司馬相如與揚雄賦與文的意見。東坡晚年自海南北返時，曾有書信與謝民師討論「辭達」的問題，東坡說：

> 辭至於能達，則文不可勝用矣。揚雄好爲艱深之詞，以文淺易之說，若正言之，則人人知之矣。此正所謂雕蟲篆刻者，其《太玄》《法言》皆是類也。而獨悔於賦，何哉？終身雕蟲，而獨變其音節，便謂之經，可乎？屈原作《離騷經》，蓋風雅之再變者，雖與日月爭光可也。可以其似賦而謂之雕蟲乎？使賈誼見孔子，升堂有餘矣，而乃以賦鄙之，至與司馬相如同科！雄之陋，如此比者甚眾。可與知者道，難與俗人言也。㉟

則東坡此夢，何嘗是爲他的文學觀點張本。當然，「論道」與「論人」不必一致，司馬相如與揚雄仍是東坡引以爲榮的前輩！

謝民師，名舉廉，新喻人，元豐進士，工於詩，受知於東坡，故東坡特爲開解作文之道。東坡曾贈以夢中所得絕句：

㉟　《蘇軾文集》卷49〈與謝民師推官書〉作於元符三年（1100）10月底。

吳塞蒹葭空碧海，隋宮楊柳只金堤，春風自恨無情水，吹得東流竟日西。㊱

在此後不久，東坡夜夢蘇堅伯固持曹溪南華寺所賜「乳香嬰兒」，並在南華等待數日，因先寄以詩：東坡說：

> 昔在九江，與蘇伯固唱和，其略曰：「我夢扁舟浮震澤，雪浪橫空千頃白，覺來滿眼是廬山，倚天無數開青碧。」蓋實夢也。昨日又夢伯固手持乳香嬰兒示予，覺而思之，蓋南華賜物也，豈復與伯故相見於此耶！今得來書，知已在南華相待數日矣，感嘆不已，故先寄此詩。
> 扁舟震澤定何時，滿眼廬山覺又非。春草池塘惠蓮夢，上林鴻燕子卿歸。水鄉知是曹溪口，眼淨同看古佛衣。不向南華結香火，此生何處是真依。㊲

東坡詩敘中所提的「昔在九江」是指哲宗紹聖元年（公元1094年）東坡赴惠州貶所時經九江之時，是當年的七月。東坡所引四句是所作〈歸朝歡〉詞的頭四句，全闋是：

> 我夢扁舟浮震澤。雪浪搖空千頃白。覺來滿眼是廬山，倚天無數開青壁。此生長接淅。與君同是江南客。夢中遊，覺來清賞，同作飛梭擲。　明日西風還掛席。唱我

㊱ 《蘇軾詩集》卷44〈往年宿瓜步，夢中得小絕，錄示謝民師〉。
㊲ 《蘇軾詩集》卷44。

新詞淚沾臆。靈均去後楚山空,澧陽蘭芷無顏色。君才如夢得。武陵更在西南極。竹枝詞,莫傜新唱,誰謂古今隔。

蘇堅字伯固,泉州人,居鎮江,是一位有情義的人,博學能詩,曾協助東坡開杭州西湖;黃庭堅死於廣西宜州,至大觀間,蘇堅護其喪歸雙井。子庠,字養直。

六、論詩談史託先賢

元祐六年的十一月十九日,東坡夢見好幾個人在討論《左傳》說:

> 祈招之詩故善語,然未見所以感切穆王之心、及其車轍馬跡之意也。有答者曰:「以民力從王事,當如飲酒,適於饑飽之度而已。若過於醉飽,則民不堪命,王不獲沒矣。」[38]

東坡醒來以後覺得夢中聽到的意見滿有道理的,所以紀錄下來。案:這一段有關《左傳》的討論見於《左傳、昭公12年》;〈祈招〉是逸詩,但《左傳》引了詩說:

> 祈招之愔愔,式昭德音。思我王度,式如玉,式如金。

---

[38] 《蘇軾文集》卷66〈記夢中論左傳〉。

形民之力,而無醉飽之心。

末兩句的意思就是說政府使用民力,當嚴守分寸,不可有醉飽過分的用心,否則不只百姓受害,君王也難免遭遇災禍。與東坡夢中聽到的,意思一樣。這時候東坡在潁州,前此曾上疏論不可濫用民力,則此夢自然也是借古諷今,未必真有其夢。類此商量文字的夢還有,東坡說:

> 數日前,夢人示余一卷文字,大略若論馬者,用吃蹶兩字,夢中甚賞之,覺而忘其餘,戲作數語足之:
> 天驥雖老,舉鞭脫逸。交馳蟻封,步中衡石。旁睨駑駘,豐肉減節。徐行方軌,動輒吃蹶。天資相絕,未易致詰。㊴

此詩亦藉「天驥」自喻,譚元春評說:

> 古甚,感甚,自負甚,可敵朱穆〈絕交〉四言詩。㊵

朱穆(公元100-163)字公叔,東漢桓帝初舉高第,平生「立節忠清」「守死善道」,常感風俗澆薄,作〈崇厚論〉、〈絕交論〉以矯時。有〈與劉伯宗絕交書及詩〉,其書直斥劉伯宗「於仁義道何其薄哉!」詩則云:

㊴ 《四庫全書》本《東坡全集》卷101。
㊵ 《四庫全書》本《東坡全集》卷101。

・古今如夢，何曾夢覺——東坡的夢裏乾坤・

> 北山有鴟，不潔其翼。飛不正向，寢不定息。飢則木攬，飽則泥伏。饕餮貪污，臭腐是食。填腸滿嗉，嗜欲無極。長鳴呼鳳，謂鳳無德。鳳之所趣，與子異域。永從此訣，各自努力。

譚元春以為東坡寫的天驥詩，與朱穆這一首詩相當，都是在表現自己孤高的品格的。東坡又曾說：

> 昨夜欲曉，夢客有攜詩軸見過者。覺而記其一詩云：「道惡賊其身，中先愛厥親。誰知畏九折，亦自是忠臣。」又有數句若銘贊者云：「道之所以成，不害其耕，德之所以不修，以責其牛。」元豐七年三月十一日

此又見〈夢寐〉一文，所記大體相同，惟「中先愛厥親」作「忠先愛厥親」，「德之所以不修，以責其牛」作「德之所以脩，不責其牛。」：

> 予嘗夢客有攜詩相過者，覺而記其一詩云：「道惡賊其身，忠先愛厥親。誰知畏九折，亦自是忠臣。」文有數句若銘贊者云：「道之所以成，不害其耕；德之所以脩，不責其牛。」㊶

元豐七年三月，東坡猶在黃州，即使在夢中，仍然堅持著道德的原則。還有一次，東坡夢見了杜甫，談起世人誤解他的〈八

㊶ 《四庫全書》本《東坡全集》卷101。

陣圖〉詩意；東坡說：

> 僕嘗夢見一人，云是杜子美，謂僕：「世多誤解予詩！〈八陣圖〉云：『江流石不轉，遺恨失吞吳。』世人皆以謂先主、武侯欲與關羽復仇，故恨不能滅吳，非也。我意本謂吳、蜀唇齒之國，不當相圖，晉之所以能取蜀者，以蜀有吞吾之意。此爲恨耳！」此理甚近。然子美死近四百年，猶不忘詩，區區自明其意者，此眞書生習氣也！⑫

案杜甫此詩末句，向有「以不能滅吳爲恨」、「以諸葛亮不能諫止劉備伐吳爲恨」、「以不能用陣法致失師爲恨」及東坡此說。東坡蓋亦借夢以申己意也。

七、夢中歷歷來時路

元祐六年（公元1091年）八月，東坡在穎州時，曾經夢到被請進住一官府，半年多以後，在揚州，又想起了這個夢，東坡說：

> 至揚州，獲二石。其一綠色，岡巒迤邐，有削達於背。其一，正白可鑑，漬以盆水，置几案間。忽憶在潁州日，夢人請住一官府，榜曰仇池。覺而誦杜子美詩曰：「萬

---

⑫ 《蘇軾文集》卷67〈記子美八陣圖詩〉。

古仇池穴,潛通小有天。」乃戲作小詩,爲僚友一笑:

> 夢時良是覺時非,汲水埋盆顧自癡。但見玉峰橫太白,便從鳥道絕峨嵋。秋風與作煙雲意,曉日令涵草木姿。一點空明是何處,老人眞欲住仇池。❸

杜甫的詩見於他的〈秦州雜詩〉第十四首,全詩是:

> 萬古仇池穴,潛通小有天。神魚今不見,福地語眞傳。近接西南境,長懷十九泉。何當一茅屋,送老白雲邊。

東坡從兩顆案前石頭,騁其幽懷壯思,想到神仙洞府,而用杜甫詩結處之意,意欲終老「仇池」。因此時東坡已一再被洛黨賈易等人攻擊,是亦借夢以抒懷也。

東坡由揚州調回朝廷一年,元祐八年(公元1093年)八月一日,繼室王潤之去世。過了十天,夢中回到眉山老家:

> 元祐八年八月十一日,將朝,尚早,假寐。夢歸穀行宅,便歷蔬圃中。已而坐於南軒,見莊客數人,方運土塞小池,土中得兩蘆菔根,客喜食之。予取筆作一篇文,有數句云:「坐於南軒,對修竹數百,野鳥數千。」既覺,惘然思之。南軒,先君名之曰來風者也。❹

因夢而作文,因文中用語而思及父親老泉,則知老泉有「來風」

---

❸ 《蘇軾詩集》卷35〈雙石并敘〉。
❹ 四庫全書本《東坡全集》卷101〈夢寐〉。

之軒。當年東坡58歲,而老泉已卒27年矣。

東坡在惠州時曾夢中得卦,覺而占之,則爲大吉之象。他說:

> 昨夜夢人爲作易卦,得〈大有〉上九,及覺而占之,乃郭景純爲徐邁筮,有「元吉自天祐之」之語,遽作此書,庶幾似之,其餘非書所能盡。㊺

〈大有〉卦第六爻是陽爻,爻辭說:

> 上九。自天祐之,吉无不利。象曰:「大有上吉,自天祐之。」

〈大有〉卦的第六爻,處在高處,本非吉祥,但能得天之祐,是必有以自得之。東坡此時蓋「杜門屛居,寢飯之外,更無一事,胸中廓然,實無荊棘」也。

雖然卜得〈大有〉卦,但東坡還是被貶去海南,東坡已經六十三歲了,只帶了小兒子蘇過同行,與親人生離死別,難免哀傷,但東坡既「胸中廓然,實無荊棘」,因此根本置危難於度外,照樣作他的白日大夢,而且夢中作詩,氣象萬千。東坡說:

> 行瓊儋間,肩輿坐睡,夢中得句云:「千山動鱗甲,萬谷酣笙鐘。」覺而遇清風急雨,戲作此數句:

㊺ 《蘇軾文集》卷49〈與劉宜翁使君書〉。

> 四州環一島，百洞蟠其中；我行西北隅，如度月半弓。
> 登高望中原，但見積水空；此生當安歸，四顧眞途窮。
> 渺觀大瀛海，坐詠談天翁；茫茫太倉中，一米誰雌雄。
> 幽懷忽破散，永嘯來天風；千山動鱗甲，萬谷酣笙鐘。
> 安知非群仙，鈞天宴未終；喜我歸有期，舉酒屬青童。
> 急雨豈無意，催詩走群龍；夢雲亦變色，笑電亦改容。
> 應怪東坡老，顏衰語徒工；久矣此妙聲，不聞蓬萊宮。㊻

瓊山在海南北部，儋縣在瓊山西南。當時海南分瓊、儋、崖、萬四州。東坡初至儋州，曾說：「吾始至南海，環視天水無際，悽然傷之，曰，何時得出此島也。」詩中的「幽懷」，也就是「此生當安歸」的感傷，其實心裏上早有「寧許生還？」〈謝表〉的準備，所以，到儋州後，製棺作墓，預留遺囑，準備老死海南。詩中所謂：「喜我歸有期」的歸，不是北歸中原，而是回歸仙界。

八、餘生不敢夢故山

東坡到儋州十餘天後，夜晚夢到自己年少讀書的情形，他說：

> 七月十三日，至儋州十餘日矣，澹然無一事。學道未至，

㊻《蘇軾文集》卷41。

靜極生愁。夜夢如此，不免以書自怡：

> 夜夢嬉遊童子如，父師檢責驚走書。計功當畢春秋餘，今乃初及桓莊初。怛然悸寤心不舒，起坐有如掛鉤魚。我生紛紛嬰百緣，氣固多習獨此偏。棄書事君四十年，仕不顧留書繞纏。自視汝與丘孰賢，易韋三絕丘猶然，如我當以犀革編。❼

對自己年少不能用心讀書，其後出仕而廢書四十年，深致遺憾之意。

東坡前在惠州的第三年，曾經在「白鶴觀」買地建屋，作長住打算，不想苦心規畫，新居終於落成時，又遠謫海南，對此事，東坡是難以釋懷的，他作夢也會回到「白鶴山居」，他作詩說：

> 癡人常念起，夫我豈忘歸。不敢夢故山，恐興墳墓悲。生世本暫寓，此生念念非。鵝城亦何有，偶拾鶴氅遺。窮魚守故沼，聚沫猶相依。大兒當門戶，時節供丁推。夢與鄰翁言，憫默憐我衰。往來付造物，未用相招麾。❽

不敢作回故鄉的夢，因爲幾乎是不可能的，徒然興起不能祭掃先人墳塋之悲。自己辛勤所建的白鶴觀新居，雖然自己只居住了很短的時間，夢中卻得到鄰翁的悲憫。人生眞如一夢，就付

---

❼ 《蘇軾詩集》卷41〈夜夢并引〉。
❽ 《蘇軾詩集》卷41〈和陶還舊居，夢歸惠州白鶴山居作〉。

・古今如夢，何曾夢覺——東坡的夢裏乾坤・

諸造物吧！這是東坡在海南的最後一夢了！

東坡意外的遇到大赦，回到中原，除了前節所引謝民師與蘇堅兩夢外，又有夢中作詩寄與朱服行中者，詩說：

> 舜不作六器，誰知貴瑊璠。哀哉楚狂士，抱璞號空山。
> 相如起睨柱，頭璧與俱還。何如鄭子產，有禮國自閑。
> 雖微韓宣子，鄙夫亦辭環。至今不貪寶，凜然照塵寰。㊾

東坡原有敘文說：「前一日夢作此詩寄朱行中，覺而記之，自不曉所謂，漫寫去，夢中分明用此色紙也。」而朱弁的《風月堂詩話》則說：

> 朱行中知廣州。東坡自海南歸，留廣甚久。坡還嶺北，聞行中在任，士大夫頗以廉潔少之。至毗陵，寄行中詩：「至今不貪寶，凜然照塵寰。」其愛行中至矣！蓋不欲正言其事，故假夢中作以諷之耳。

據王文誥《總案》，詩寄於元符三年（公元1100年）十二月底，東坡由韶州出發後。朱服字行中，烏程人，朱服之知廣州在元符二年底至徽宗建中靖國二年（公元1102年）正月。又曾端伯《百家詩選》說：「東坡〈寄朱行中〉一篇，北歸時絕筆也。」其實此後仍有詩作，然就東坡之夢而言，則是最後一夢，雖然或許只是借夢以寄意，如前文所引諸夢然。此夢後不到八個月，

㊾ 《蘇軾詩集》卷45〈夢中作寄朱行中〉。

東坡就去世了！

　　東坡中年在彭城作〈永遇樂〉詞，有「古今如夢，何曾夢覺」語，蓋以為夢覺難分；將離海南時，贈詩黎民表，有「平生生死夢，三者無劣優」語，是已視死如夢矣！讀東坡記夢詩文，析說至此，擲筆三嘆，真有「世事一場大夢」之慨矣！

2002年9月20日午夜

國家圖書館出版品預行編目資料

東坡的心靈世界

黃啓方著. – 初版. – 臺北市：臺灣學生，2002
面；公分

ISBN 978-957-15-1154-2(平裝)

1. 蘇軾 – 傳記 2. 蘇軾 – 作品評論

782.8516　　　　　　　　　　　　91018659

東坡的心靈世界

著　作　者	黃啟方
出　版　者	臺灣學生書局有限公司
發　行　人	楊雲龍
發　行　所	臺灣學生書局有限公司
地　　　址	臺北市和平東路一段 75 巷 11 號
劃 撥 帳 號	00024668
電　　　話	(02)23928185
傳　　　真	(02)23928105
E - m a i l	student.book@msa.hinet.net
網　　　址	www.studentbook.com.tw
登 記 證 字 號	行政院新聞局局版北市業字第玖捌壹號
定　　　價	新臺幣二五〇元

二〇〇二年十月初版
二〇二五年三月初版二刷

78241　　　有著作權·侵害必究